대한민국 금기 깨기

김동연 지음

대한민국 금기 깨기

쌤앤파커스

기회복지국가를 향한 유쾌한 반란

부총리를 그만둔 뒤 지방 여러 곳을 돌아다녔다. 수많은 분을 만나고 수많은 삶의 모습을 보았다. 농민, 어민, 자영업자, 소상공인, 청년, 중소기업인…. 공직에 있을 때 만날 기회가 많지 않았던 이웃이자 서민들이었다. 여수 안포마을에 갔을 때는 마침 전어잡이 철이었다. 주민 312명에 불과한 작은 어촌마을에는 연세가 지긋하신 분들이 대부분이었다. 늦은 밤 전어잡이 배를 타고 함께 바다로 나가기 전에 주민들과 대화시간을 가졌는데 한 분이 말씀하셨다.

"전에는 나라가 국민을 걱정했는데 이제는 국민이 나라를 걱정합니다."

깜깜한 밤바다에서 전어 그물을 끌어 올리면서도 계속 이 말이 귓전을 맴돌았다. 가슴이 답답했다.

이 책을 쓰는 이유, 절박감

그것은 오래된 답답함이었다. 삶의 현장에서 절박한 이야기들을 들으며 더욱 심해지긴 했지만, 10년도 더 전부터 마음속에 자리 잡은 답답함이었다. 어떤 사회학자는 한국 사회를 '불신, 불만, 불안'의 3불(不) 사회라고 특징지었다. 제도나 시스템을 믿을 수 없는 불신, 웬만한 성취에는 만족하지 못하는 불만, 앞으로 닥칠 미래에 대한 불안이다.[01] 지난 20년 동안 악화되어온 현상들이다. 작은 어촌마을에서 들었던 짧은 한 문장의 말이 가슴을 후벼판 이유는, 지금 바꾸지 않으면 더 이상 인내하기 어렵다는 경고로 들렸기 때문이다.

공직생활을 마무리하고 2년 넘게 전국을 다니면서 만난 수많은 이들의 삶에서 절박감이 묻어나왔다. 젊은 시절의 나와 비슷한 처지에 놓인, 더 절박한 청년들도 많이 만났다. 얼마전 의정부에 있는 한 특성화 고등학교를 찾아가 내 이야기를 해주고 학생들의 힘든 환경과 현실 이야기도 들었다. 강연이 끝나고 고3 학생 한 명이 슬그머니 손편지를 전했다. 중3 때 아버지가 돌아가셔서 빨리 취업해 소녀 가장 역할을 해야 하는데 취업이 쉽지 않다는 내용이었다. 가슴이 먹먹해졌다. 딱 그 나이 때의 내 모습이었다. 그래도 나는 상업학교를 졸업하고도 취직을 했고 힘들었지만 공부할 기회도 얻었는데, 경제규모가 훨씬 커지고 발전한 지금 왜 기회는 오히려 부족해졌을까.

도전과 좌절, 그리고 재도전을 반복하는 기업인을 보면서는 안타까움을 넘어 자책감마저 들었다. 30대에 창업한 한 영세 중소기업 대표는 지역만의 스토리텔링을 개발하고 빈민촌이었던 부산 원(原)도심 관광 상품을 만들었지만 주목받지 못해 실패했다. 다시 창업한 회사는 공공기관 입찰에서 기존 대형사의 벽을 넘지 못해 고전하다 또 좌절했다. 그러고는 새 관광 콘텐츠로 재창업해서 어느 정도 성장궤도에 올랐지만 코로나19로 직격탄을 맞았다. 매출이 제로까지 떨어진 상황이라고 했다. 그 청년 기업가는 반복되는 시련에 지친 모습도 보였지만, 여전히 씩씩함을 잃지 않고 있었다. 좁은 틈새에서 작은 기회라도 잡으려는 열정과 노력에 대한 보상은 왜 이리 야박한 것일까.

내가 만난 자영업자 대부분이 따뜻한 인간미가 넘쳐났다. 긍정적이고 잘 웃는 분들이 많았다. 그렇지만 나는 따라서 웃지 못한 경우가 허다했다. 집에서 서너 정거장 떨어진 수제빗집에 일부러 간 적이 있다. 수제비를 좋아해 가끔 가는 맛집인데 다음 날 폐업한다고 해서 주인과 인사도 할 겸 마지막으로 점심을 먹으러 갔다.

건물주가 바뀌면서 입점한 음식점에서 나가라고 했다고 한다. 식사를 마치고, 내 책에 '기운 내시라'고 써서 주인에게 드리며 작별인사를 나눴다. 식당 주인은 "내일 문 닫으려니 손님이 더 많네요." 하며 허탈하게 웃었다. 나는 따라 웃지 못했다. 왜 우리 주위의 평범한 이웃들에게는 장사할 기회, 사업할 기회, 일할 기회가 더 많이 주어지지 않거나 오히려 줄어드는 것일까.

절박한 삶의 모습은 도처에 있었다. 정책을 만들던 시절 여러 사례를 듣고 접하며 일을 했지만, 이토록 절실하고 절박한 마음까지는 느끼지 못했던 지난 공직생활이 부끄럽기까지 했다. 우리 국민은 기회와 역할이 주어지면 신바람 나게 일하는 국민이다. 도전을 두려워하지 않고 상상도 할 수 없는 역량을 발휘한다. 나라와 공동체를 생각하는 마음도 다른 어느 나라 국민들보다 각별하다. 이런 우리 국민들에게 기회와 역할이 주어지지 않으니 삶이 힘들어지고, 절박감 속에서 작은 기회라도 잡으려고 발버둥친다.

한두 해 문제가 아니다. 고용 없는 성장, 불평등과 양극화의 심화, 저출산, 사회적 정의와 공정의 문제 등의 이름으로 회자되지만, 이것은 모두 지난 20년 동안 반복되어온 올드 이슈들이다. 최근에 새로 제기된 문제들이 아니다. 누구나 알고 있는 문제들이고 누구나 입만 열면 고쳐야 한다고 얘기하는 내용이다.

그런데 왜 해결이 안 되고 있을까? 가장 큰 이유는 국민의 역량과 에너지를 모으지 못했기 때문이다. 국민의 잠재력을 극대화하는 국가비전과 정책적 일관성이 만들어지지 못했다. 어느 정권이나 비슷했다. 5년 단임 대통령제에서 새 정권이 들어서면 새 나라라도 건설할 듯이 거대 담론을 펼치며 해결책을 쏟아낸다. 새로운 정책에 대한 기대가 넘쳐나지만, 늘 시작은 창대한데 끝이 미약하다.

정권이 바뀔 때마다 다른 이야기를 하는 것 같았지만, 항상 과거는 청산의 대상이고 전(前) 정부는 갈아엎을 대상이었다. 이기면 다 갖고, 지면 다 잃는 승자독식의 게임 속에서 지도자를 뽑는 선거는 무조건 이겨야 했다. 인물 위주의 이미지 정치와 미디어 정치의 판이 벌어진다. 지도자에게 과도한 기대가 쏠린다. 또 다른 인물, 또 다른 후보를 찾아 대체하고 소모하는 일이 반복된다. 비전과 아젠다는 없고, 그저 인물들의 부침만 있을 뿐이다. 그러면서 국민의 피로는 쌓여만 가고 실망과 좌절, 정치에 대한 혐오가 점점 커졌다. 문제가 해결되기는커녕 점점 꼬여만 갔다.

이 책을 쓰는 이유는 한마디로 '절박감' 때문이다. 대한민국이 이렇게 가서는 안 된다는 절실한 생각 때문이다. 이 절박감과 절실함이 우리 문제들을 어떻게 하면 해결할 수 있을지, 나를 고민 속으로 몰아넣었다. 나름대로 대안을 찾고 싶었다. 대한민국호(號)는 어디를 향해, 어떻게 항해를 해야 할지, 쓰지 않고는 견디기 어려울 정도의 절박감과 절실함이 나를 짓눌렀다. 내가 하든, 남이 하든 나라를 바꾸는 일에 쓰이는 내용을 만들고 싶었다.

사람을 만나면 만날수록, 삶의 현장을 보면 볼수록 절박함과 깨달음이 함께 커져 생각과 아이디어를 가다듬는 데 2년이 넘게 걸렸다. 그 과정에서 원고 전체를 6번이나 바꿨다. 고통스러운 일이었지만 고민이 깊어지면서 대안이 절마(切磨)되는 것은 보람 있는 일이었다. 부총리를 그만두고 2년 반이 지난 지금 이 시점에서 책이 나오는 이유다. 피를 토하는 심정으로 썼다면 과장으로 들릴까.

많이 망설였다. 현직에 있으면서도 해결하지 못한 일들, 내 좁은 시야와 옅은 실력, 주제넘은 일…. 그런 생각을 하면서 공직에서 나와 오랫동안 서울을 떠나 있으며 성찰과 자성의 시간을 가졌다. 관료로서 정점인 경제부총리까지 34년의 공직생활 동안에 나는 무엇을 했는가. 내가 한 일은 무엇이고, 내가 하지 못한 일은 무엇이었는가. 부총리로도 넘지 못하는 한계는 무엇이었을까.

성취와 좌절의 크기는 절박감에 비례했다. 절박감이 클수록 좌절로 인한 아픔이 컸다. 특히 두 번의 실패와 좌절이 그랬다. 두 번 다 우리 경제의 틀과 패러다임을 바꾸려는 시도였고, 두 번 다 만족할 만한 결과를 만들어내지 못했다. 한 번은 2005년 '비전 2030' 작업이고, 다른 한 번은 2017년 경제부총리 재임 때의 경제운영이다. 그래서 다시 실패하고 싶지 않다는 마음을 담아 이 책을 쓴다. 절박감이 망설임을 넘어 용기를 내게 했다.

'기회공화국'으로 가는 길

나름의 해답은 공직에서 나와 삶의 현장을 가보고 사람들을 만나면서 차츰 더 분명하게 찾을 수 있었다. 만났던 서민들 대부분이 각자의 절박감 속에서 살고 있었다. 모두 진정성이 넘쳤고 진지했다. 그런데 한결같이 삶의 어려움은 '기회'와 연결되었다. 누구보다 열심히 사는데, 좋은 아이디어가 있는데, 큰 욕심 없이 성실하게 무엇인가를 해보려고 하는데 기회가 부족했다. 어떤 때는 주어진 기회조차 불공평했다. 기회에 아예 접근하지 못하는 사람들도 있었다.

우리 사회 대부분의 문제는 '기회'와 연결된다. 우선 경제의 역동성이 떨어지면서 기회가 만들어지지 않고 있다. 그러니 부족한 기회를 놓고 투쟁이 벌어진다. 또한, 양극화가 심해지면서 기회는 불평등하게 주어진다. 어떤 사람에게는 기회가 넘치도록 주어지고 어떤 사람에게는 지극히 제한적으로 주어진다. 기회의 빈익빈 부익부 현상이다. 또 어떤 사람들에게는 최소한의 안전망조차 제공되지 않아 인간으로서 존엄성을 유지하면서 기회를 찾기 어렵게 만든다. 바야흐로 우리는 '기회의 복합위기' 시대에 살고 있는 것이다.

이제는 대한민국을 '기회공화국'으로 만들어야 한다. 기회의 문이 모두에게 활짝 열린 '기회복지국가' 말이다. '더 많은 기회'와 '더 고른 기회'를 제공하고, 튼튼한 '기회복지안전망'을 만들어 국민 삶의 질을 보장하는 국가를 만들어야 한다. 경제, 일자리, 복지가 유기적으로 선순환하는 국가시스템이다.

많은 사람을 만나며 우리 국민의 저력과 잠재력을 새삼 깨달았다. 예천에서 사과를 재배하는 청년 농부들은 정성이 담긴 과일을 소비자에게 제공하기 위해 과수원에서 담배도 피지 말고 남의 욕도 하지 말자고 했다. 거제에서 만난 어촌계장은 어업에도 혁신과 변화가 필요하다고 오히려 내게 역설했다. 밀양에서는 주민들과 얼음골 사과의 미래를 위해 지구온난화에 대한 대책을 논의했다. 공주에서 만난 사범대학생들은 제대로 된 교육을 위한 헌신과 다짐을 이야기했다. 경제적 가치와 사회적 가치를 동시에 추구하는 청년 사회적 벤처 창업자는 대단한 일이 아니라 그저 하고 싶은 일을 하고 있을 뿐인데 왜들 이렇게 호들갑이냐고

반문했다.

이렇듯 우리 국민은 에너지가 샘솟고 있다. 이 에너지를 응집시키고 승화시키는 길을 찾아야 한다. 자기 삶에서 기회를 갖도록 해야 한다. 공동체를 생각하는 마음으로 내고 싶은 목소리를 내도록 통로를 만들어야 한다. 소수의 정치 엘리트, 고위관료, 경제적 강자, 지식인 등이 주도하는 것이 아니라, 정책의 대상이자 수동적 소비자였던 시민이 참여자이자 생산자로 나서야 한다.

그러기 위해서는 정치를 줄이고 권력은 나눠야 한다. 지금까지의 방법으로는 자기 진영 금기 깨기나 지도층의 자기희생을 기대하기 어렵다. 위로부터 강요된 혁신이 아니라 아래로부터 나오는 자발적인 참여와 혁신을 통해 변화를 만드는 '아래로부터의 반란'이 필요하다.

지극히 개인적인 이유

이 책을 쓰는 지극히 개인적인 이유도 있다. 몇 해 전 큰아이가 만 스물일곱 나이로 내 곁을 영영 떠났다. 그때 내 삶의 시계도 멈춘 것 같았다. 건장했던 큰아이가 힘든 투병을 하고 있을 때 함께 책을 쓰자고 제안한 적이 있다. 글쓰기를 좋아했던 큰아이에게 힘을 불어넣으려는 생각에서였다. 그리고 얼마 안 돼 세상을 뜬 큰아이와의 약속을 지키기 위해 몇 년에 걸쳐 책을 한 권 썼다. 이번 책도 그 약속에 대한 연장선에서 한 작업이다.

이참에 꼭 풀고 싶은 오해가 하나 있다. 7년 전 큰아이 발인하는 날에도 일했다는 기사와 관련된 이야기들이다.[02] 원전 부품 비리 사고가 터져 당시 국무조정실장이었던 내가 범정부대책위 위원장을 맡고 관계부처 차관들이 위원이 돼서 대책을 만들었다. 주무부처인 산업자원부에서는 다음 주 국회가 열리기 전 발표해달라고 요청했고 우리 간부들은 내가 상중(喪中)이어서 곤란하다고 했다.

발표하자는 결정은 내가 내렸다. 큰아이의 발인일은 마침 한글날 공휴일이어서 경제조정실장과 담당 국장이 발표문을 갖고 집 근처로 와서 함께 내용을 검토했다. 큰아이를 보내고 온 직후였다. 다음 날 아침 정부청사에서 대책을 발표했고 밤에는 방송에까지 나가 국민에게 설명했다. 큰아이 일은 밖에 일절 알리지 않았기 때문에 언론에서는 전혀 모르고 있었다.

발표하자는 결정을 내린 것은 개인 일로 공무를 미루는 것이 도리가 아니라는 생각도 있었지만, 그보다는 큰아이 때문이었다. 큰아이는 내가 공직에 있는 것을 자랑스럽게 생각했다. 내가 아는 큰아이는 그 상황에서 "아빠, 그렇게 하셔야 돼요."라고 이야기했을 것이다. 큰아이가 그렇게 하기를 원했을 거라는 것을 알기에 '그렇게' 한 것이다. 발표문을 검토하면서, 그리고 발표를 하면서 마음이 찢어졌다. 큰아이가 바로 뒤에서 있다는 생각을 하며 이를 악물고 했다. 그래서 아들 발인하는 날까지 일을 했다는 말을 들으면 지금도 마음이 너무 아프다. 이제 그 얘기는 더이상 듣지 않았으면 좋겠다.

국제관계를 전공하고 국제기구에 근무했던 큰아이는 공익과 사회기여에 관심이 많았다. 대화를 좋아하는 청년이었다. 세상에 있었다면 내가 국무조정실장, 아주대 총장, 경제부총리를 하는 기간 중에 많은 대화를 나눴을 것이다. 그 아이의 의견도 많이 들었을 것이다. 자식은 가슴에 묻는다고 했던가. 그렇다. 언제고 다시 만날 때까지 내 속에 있다고 생각한다. 이 책도 내 마음속에 여전히 살아 있는 큰아이와 함께 하는 작업이라는 마음으로 쓴다.

그렇게 큰아이가 자랑스럽게 생각했던 길을 계속 가고 싶다. (중략) 큰아이가 있었더라면 박수 치고 응원할 길을 가고 싶다. 여기 있었더라면 함께 길동무를 하고 갔을 길을 가고 싶다. 큰아이와 무언(無言) 중에 한 수많은 약속을 지키는 길을 가고 싶다. 속삭이듯 "맞아요. 이 길이에요, 아빠." 하는 길을, 다시 그 애를 만날 때까지 가고 싶다.

새 버킷리스트가 생겼다. 내 삶의 가장 큰 소망이다. 언젠가 다시 그 아이를 만나는 것이다. 큰아이와 한 약속을 이렇게라도 지키면 언젠가는 만날, 내가 모르는 세상에 있는 큰아이도 빙긋 웃으리라 믿는다. 그 소망을 안고 기다리며 나는 이 책을 쓴다.[03]

PART 1
세 번은 아니다

오랜 세월 공직에 몸담으며 크고 작은 성취와 좌절이 있었다. 보람도 있었지만 안타까웠던 적도, 아팠던 적도 많았다. 그중 두 번의 좌절은 특히 뼈아프다. 우리 경제의 틀과 패러다임을 바꾸는 꿈을 추진했지만 두 번다 이루지 못했다. 한 번은 국장 때, 다른 한 번은 경제부총리 때다. 의욕은 넘쳤지만 성취는 미흡했다. 꿈은 컸지만 현실의 벽은 높았다. 그만큼 좌절의 아쉬움이 크다.

부총리를 그만두고 많은 성찰을 했다. 내가 한 일, 그리고 내가 하지 못한 일. 두 번의 좌절을 되새기면서 우리 사회에 차고 넘치는 문제들을 풀지 못하는 이유, 부총리로도 넘지 못하는 한계에 대해 깊이 고민했다. 하려고 한 일들을 제대로 하지 못했다는 점에서 책의 1부는 내 스스로 쓰는 반성문이다. 좁은 시야와 옅은 실력에 대한 고백이기도 하다.

두 번의 좌절이 의미가 없었던 것은 아니다. 좋은 자양분이 되기도 하고 훗날을 위한 기초를 만들었다는 점에서다. 그러나 아무리 그렇다 하더라도 세 번째 좌절은 다시 겪고 싶지 않다.

세 번은 아니다.

01

첫 번째 좌절

공직생활 20년 만에 공무원의 꽃이라는 국장이 됐다. 기뻐야 할 순간에 뜻밖에도 마음 깊숙한 곳에서 위기감이 느껴졌다. 편안함, 안정감에 대한 경고음이었다. 치열함과 도전의 장에 스스로를 몰아넣어야 한다는 생각이 들었다. 내가 지금 있는 자리를 흩트리자고 마음먹었다.[01]

국제기구를 생각했다. 전문가들이 넘치는 넓은 세상과 부딪치는 것이었다. 우물 '밖'으로 나가기로 했다. 워싱턴에 있는 세계은행(IBRD)에 지원해 운 좋게 채용이 됐다. 열심히 일했고 성과도 좋았다. 프로젝트 매니저로 근무 3년 차이던 2005년 어느 날, 장관으로부터 연락이 왔다. 새로 생긴 국(局)을 맡아달라는 것이었다. 장관의 요청을 거절할 수는 없었다. 갑자기 짐을 싸 귀국하게 됐다.

정쟁에 휘말린 비전 2030

신설 국의 임무가 명확하지 않았다. 당시 장관 스타일상 폭넓은 재량과 여백을 준 것이라 생각했다. 할 일에 대해 많은 고민을 했다. 대한민국이 부딪히고 있는 구조적인 문제에 대해 고민하며 우리 경제를 위한 새로운 도약의 길을 찾고 싶었다. 짧은 시계(視界)로는 곤란한 일이었다. 한 세대 앞을 보며 25년 뒤인 2030년을 목표로 국가의 비전과 정책 방향, 그리고 실천을 위한 전략을 만들기로 했다.

'비전 2030' 작업이었다.

신설 국이어서 직원 숫자가 적었다. 부족한 인원에 대한 보충과 전문가의 지원을 위해 외부 인력을 최대한 활용했다. 한국개발연구원, 조세연구원 등 국책연구소의 박사와 대학교수 등 외부 전문가 60여 명으로 인재 풀을 만들었다. 경제학, 경영학, 재정학뿐 아니라 사회학, 심지어 공대 교수들도 참여했다. 모두들 사명감이 넘쳤다. 1년 가까운 작업 기간 중 60여 차례의 토론회와 5차례 세미나를 열어 다양한 의견을 수렴했다. 전문가와 일반 국민을 대상으로 설문조사도 했고, 보고서 시안을 놓고는 시민단체 대표들과 간담회를 가졌다.

보고서 내용은 당시로서는 획기적인 것이었다. 우선, 미래 우리 사회에 닥칠 위험요인들을 분석했다. 저성장, 양극화, 저출산·고령화 등을 경고했다. 성장과 분배의 고리가 더 이상 작동하지 않고 양극화가 심화될 것이라고 예측했다. 16년 전, 정부 보고서로는 처음 지적한 내용들이었다.

보고서 전체를 관통하는 화두는 '패러다임의 전환'이었다. 새로운 이야기들을 쏟아냈다. "이제까지의 성공경험에서 탈피해야 한다. 경제 패러다임을 '선(先)성장 후(後)복지'에서 성장과 복지가 함께 가는 '동반성장'으로 바꿔야 한다. 복지국가를 지향해야 한다. 양적 투입 위주의 불균형성장이 아니라 혁신 주도형 균형성장이 필요하다. 투자의 중점은 물적 투자에서 인적·사회적 자본 투자로 전환되어야 한다."와 같은 이야기들이었다.

> **이대로 가면 우리 사회의 미래는 없다. 현재와 같은 경제·사회 시스템으로는 성장도 복지도 앞으로 담보할 수 없는 시대가 된 것이다. 낮은 복지수준이 성장의 발목을 잡고, 성장이 지체되어 복지확대도 곤란한 시대에 접어든 것이다. 지금부터 준비해도 늦다. 그러나 더 늦기 전에 대책을 준비해야 한다.[02]**

비전 실현을 위한 핵심기둥으로 특히 두 가지를 강조했다.

첫째는 제도혁신이다. 경제·사회 시스템 개혁을 맨 앞에 내세웠다. 생애 생산성 극대화, 혁신주도형 균형성장, 글로벌 경쟁력, 복지제도 개편, 공적제도에 대한 신뢰 등을 골자로 했다. 주요 내용으로는 규제개혁, 정년 조정과 임금피크제 확대, 학제 개편, 국민·직역 연금 개편, 복지서비스 전달체계 개편, 서비스 산업 경쟁력 강화, FTA 체결 확대 등을 제시했다. 제도혁신은 개발시대부터 형성된 국가가 개입, 조정, 통제하는 틀을 자유와 경쟁, 창의, 사적 자치가 존중되는 틀로 바꾸는 것이 핵심이었다.

둘째는 선제적 투자다. 단기·소극적 재정운영에서 중기·적극적 재정 운영으로 틀을 바꾸는 것이다. 필요한 분야에 선제적, 전략적으로 재정을 투입해 유·무형의 공공재를 쌓고 미래의 비용을 줄이는 것이다. 국민 삶의 질 향상과 성장기반 확충 분야에 대한 과감한 투자를 주장했다. 양극화와 경제적 불균형 해소를 위한 정부의 적극적인 역할을 강조했다. 사회보장의 확대, 적극적 고용전략 추진, 사회서비스 일자리 확대, 보육 서비스 및 방과 후 활동 확대, 근로장려세제(EITC) 도입, 노인수발보험 도입, 차세대 성장동력 투자확대 등을 제시했다.

비전 2030의 지향점은 단순하고 분명했다. 제도혁신과 선제적 투자를 통해 동반성장, 질 높은 성장을 이루겠다는 것이었다. 실천을 위한 핵심전략으로 다섯 가지를 제시했다. 성장동력의 확충, 인적자원 고도화, 사회복지 선진화, 능동적 세계화, 사회적 자본의 확충이다. '사회적 자본 (social capital)'이란 개념이 정부 보고서에 들어간 것은 이때가 처음이다. 선진국이 되기 위해서는 사회구성원 간의 신뢰, 예측가능성, 투명성, 일관성을 내용으로 하는 사회적 자본의 축적을 통해 사회적 거래비용을 낮추는 것이 필수적이란 생각에서였다.[03]

비전의 실천을 위해 25년간의 재정계획을 만들었다. 국가의 역할과 할 일을 구체적으로 제시한 것이었다. 단년도 예산편성만 해오다가 이 정도 기간의 장기 재정계획을 세운 것은 정부 수립 이후 최초의 일이었다. 동시에 두 가지 이행전략을 만들었다. 첫째, 제도혁신을 전제로 정부투자를 확대해야 한다. 제도혁신 없는 투자확대는 재정의 지속가능성을 위협할 수 있기 때문이다. 둘째, 재원조달 전략이다. 5년 뒤인 2010년까지는 증세 없이 지출 구조조정과 비과세·감면 축소 등으로 충당하되, 그이후 증세를 포함한 재원조달 방안은 복지수준과 국민부담의 정도에 대한 국민적 논의를 거쳐 결정한다.

그런데 보고서가 발표되자 정치권에서는 느닷없이 '세금폭탄' 논쟁이벌어졌다. 보수와 진보의 진영논리 싸움, 이념논쟁, 프레임 씌우기가 이어졌다. 한 발짝도 나아갈 수가 없었다. 경제와 사회의 패러다임 전환이필요하다고 아무리 이야기해도 소용이 없었다. 복지 퍼주기가 아니라복지에 대한 투자개념이라며 토론을 제안해도 무시당했다. 선제적 투자의 전제조건은 제도혁신이고, 이 개혁이 없이는 선진국으로 나아갈 수없다고 설명해도 허사였다. 사회적 담론이나 의제로 만드는 시도, 노력은 아예 없었다. 권력을 가진 사람들이 공감대 형성에 저항할 때 보수와진보 이념의 간격이 벌어진다는 엘리자베스 시걸의 주장 그대로였다.[04]결국 비전 2030 보고서는 정쟁(政爭)의 소용돌이에서 좌초하고 만다.

'유배'를 떠나다

몹시 실망스러웠다. 심혈을 기울인 일이어서 더욱 그랬다. 비전 2030 보고서가 소모적인 정쟁에 휘말리는 과정을 냉정하게 지켜봤다. 궁금했다.

보고서의 취지나 내용은 제대로 보거나 들으려 하지도 않고 왜 저렇게 자기주장들만 하는 건지. 왜 정책을 이념으로 도색(塗色)하는 건지. 정치권에서 저렇게까지 싸우는 '이념'의 실체는 과연 무엇인지.

관료의 '기술적인 틀'을 넘어 가치와 이념, 철학에 대한 공부를 하고 싶었다. 기회는 우연히 왔다. 전혀 예상하지 못한 경로를 통해서였다. 비전 2030 작업을 어느 정도 마무리한 뒤 예산실 국장으로 전보되었다. 경제부처 예산을 총괄하는 중요한 보직이었다. 1년 가까이 근무하며 예산안 편성과 국회 통과까지 마무리했다.

그리고 얼마 지나지 않아 청천벽력 같은 이야기를 들었다. 국장급 직무훈련을 가라는 것이었다. 과장에서 갓 승진한 초임 국장이 가는 자리였다. 이미 본부 주요 국장 자리를 두 번이나 거친 내게는 '유배'나 다름없는 이례적인 좌천성 인사였다. 트랙에서 잘 달리고 있는 선수에게 어느 날 감독이 갑자기 그만 달리고 내려오라고 하는 격이었다. 비전 2030 작업 당시의 장관은 이미 부처를 떠나고 없었다.

전에 근무했던 세계은행과 워싱턴에 있는 존스홉킨스대학 국제대학원에 연락해 초청장을 받고는 바로 출국했다. 초스피드 출국이었다. 내 연구주제는 재정정책과 재정개혁이었지만, 이 기회에 이념과 철학에 대한 공부도 깊이 있게 하고 싶었다. 존스홉킨스대의 교수들, 워싱턴에 나와 있던 전문가들은 좋은 토론 상대가 됐다. 유배되듯 왔지만 전화위복의 기회로 만들자고 다짐했다.

이념과 경제철학은 시대의 산물이다. 국가별 역사적 배경이나 정치적·사회적 상황과 깊은 관련을 갖게 마련이다. 이런 흐름을 역사적, 동태적으로 보는 것이 중요하다. 자유방임적 시장주의, 수정자본주의, 신자유주의를 거치며 자본주의와 시장경제는 다양하게 나타난다. 시대의 흐름 속에서 성공한 자본주의도 있고 실패한 자본주의도 있다.

어떤 자본주의는 '자유'와 '경쟁'을 핵심가치로 생각한다. 자유는 경제주체가 스스로 목표를 선택하고 행동할 수 있는 능력이다. 시장의 효율은 경쟁을 통해 극대화된다. 국가의 불간섭과 중립성을 강조한다. 반면 어떤 자본주의는 '평등'과 '공정'의 가치를 상대적으로 중시한다. 분배적 정의를 추구하고 과도한 경쟁과 이권추구 행태에서 나오는 불공정과 불균형 문제를 보완하기 위해 정부의 적극적인 역할을 강조한다.[05]

독일의 '사회적 시장경제'는 특히 흥미로웠다.[06] 종전 후 바로 서구식 시장경제를 시행하기 힘들었던 독일은 '개인의 자유'와 '사회적 형평' 간의 조화를 추구하는 경제의 틀을 만든다. 자유시장과 사회적 형평의 원칙이 결합된다. 경제활동의 중심 원리는 '경쟁'이다.[07] 이때의 경쟁은 시장만능주의에서 의미하는 무한경쟁이 아니라 공정한 경쟁을 의미한다. 국가는 거대 경제권력이 경쟁 원칙을 위반하거나 경제적 약자의 권리를 침해하지 않도록 제도적인 틀을 만들고 감시한다. 동시에 '사회적 균형'을 중시한다. 모든 사회구성원이 시장경제 속에서 안전하게 살아가도록 만드는 것이 목표다. 이런 과정에서 2개의 양극단을 경계한다. 무한경쟁을 추구하는 시장만능주의를 경계하는 동시에, 국가의 과도한 개입도 경계한다. 국가의 개입은 공정경쟁을 촉진시키거나 사회정책을 위해 불가피하게 필요한 경우에만 이루어진다.

우리를 돌아봤다. 경제개발기에 국가주의가 시장경제와 결합된다. 정부가 자원의 배분과 시장 개입을 통해 대기업과 재벌 중심의 불균형 성장을 추진한다. 강력한 수출 드라이브와 산업정책을 추진한다. 그러다 1987년 체제를 거치며 민주적 발전국가로 전환하면서 개혁을 추진하지만 근본적 변화에는 미치지 못한다.

1997년 외환위기, 2008년 국제금융위기를 겪으면서 구조적인 문제가 임계점을 넘어 나타난다. 서구의 자본주의가 시대의 흐름 속에서 여러 단계를 거쳐 성숙되는 것과는 달리, 우리는 권위주의적 발전국가에서 바로 자유주의, 복지주의, 신자유주의가 한꺼번에 섞여 짬뽕이 되는 혼란스러운 모습을 띠게 되었다. 우리 나름의 철학과 가치가 만들어지고 제련될 기회를 갖지 못한 채 결국 생산적인 사회 의제가 아니라 정쟁의 대상이 되고 만다.

비전 2030에서 강조한 구조개혁과 선제적 투자의 두 기둥을 재해석해 보았다. 구조개혁은 자유와 경쟁의 가치를 존중하며 창의와 혁신, 시장과 사적 자치를 확대하기 위한 것이다. 국가개입주의와 '국가과잉'의 시정이다. 선제적 투자는 경제적 불평등과 양극화의 해소를 위한 정부의 적극적인 역할을 강조한 것이다. '격차과잉'을 해소하면서 공정과 사회통합의 가치를 실현하려는 것이다. 상반되는 것처럼 보이는 2개의 철학과 방향을 함께 담은 것은 우리 사회에 자유와 경쟁의 철학, 그리고 공정과 평등의 가치가 다 같이 부족하기 때문이다.

더 깊어진 고민

결과적으로 비전 2030을 실행에 옮기는 데는 실패했다. 아쉬움은 크고 회한은 길었다. 그러나 한편으로는 의미 있는 좌절이라는 생각이 든다. 우리 사회가 당면한, 그리고 미래에 닥칠 구조적인 문제를 냉정하게 분석하면서 동반성장과 복지국가의 비전을 제시했다는 점에서 그렇다. 실제로 비전 2030의 내용은 그 후 여러 정권을 거치면서 부분적으로 실천에 옮겨진다. 사회보장, 보육서비스가 확대되고 노인장기요양보험과 근로장려세제가 도입됐다. 공무원 등 직역연금 및 국민연금 개혁, 사회복지 전달체계 개선이 이루어졌으며, 여러 국가와 FTA도 체결됐다.

비전 2030의 좌절을 돌이켜보면 당시 우리 정치권의 수준, 사회의 담론 수준이 어쩌면 딱 그 정도였다는 생각도 든다. 그럼에도 안타까움은 한없이 크다. 만약 그때 우리 앞에 놓인 미래 도전과제와 해결의 필요성에 대해 공감을 했더라면, 해법에 대해 최소한의 합의를 이루었다면 어떻게 됐을까. 국가과잉과 격차과잉 해소를 위한 논의를 시작했더라면, 제도혁신이나 선제적 투자에 대한 최소한의 사회적 합의기반을 만들었더라면, 그래서 국가가 나아갈 전략을 만들었더라면 어떻게 됐을까. 지난 15년이란 세월을 허비하지 않고 우리 사회를 변화시킬 수 있지 않았을까. 양극화, 저성장, 저출산 등 구조적인 문제에 선제적으로 대처하고 4차 산업혁명에 대한 준비도 더 잘할 수 있지 않았을까. 투쟁과 갈등이 아니라 토론을 통한 사회적 타협의 기반을 만드는 경험을 해볼 수도 있지 않았을까.

질문을 바꿔, 15년 전이 아니라 지금의 우리는 어떤가 물어본다. 우리 정치 수준, 사회의 담론 수준은 과연 그때보다 나아졌을까? 그대로이거나 오히려 퇴보한 것은 아닐까? 사회구조적인 문제는 더 심각해졌고 갈등의 골은 더 깊어졌다. 해법은 더욱 찾기 어려워졌다. 비전 2030을 통해 고쳐보려 했던 국가과잉, 격차과잉은 점점 더 구조적인 문제가 되었다. 공감과 사회적 타협이 만들어질 기반이 단단해지기는커녕 더욱 취약해졌다. '유배'를 마치고 복귀해서도 국가운영과 경제에 대한 고민은 깊어만 갔다.

02

두 번째 좌절

2017년 5월 18일. 청와대로부터 전화를 받았다. 경제부총리를 맡아달라는 제의였다. 아주대 총장으로 있을 때였다. 완곡하게 사양했다. 3년 전 칭병(稱病)까지 하면서 장관급인 국무조정실장을 그만두고 나왔고, 그 뒤 두 차례의 입각제의를 거절할 정도로 공직에 대한 생각을 아예 접고 있던 때였다. 하지만 재차 요청이 왔고 결국 수락했다. 대통령에 대해 아는 바는 없었지만 큰 방향에서 가치와 국정철학을 공유하고 있다고 생각했다. 비전 2030 보고서를 캠프에서 적극 활용했다는 말을 듣고 있던 것도 수락이유 중 하나였다.

경제부총리로도 넘지 못하는 한계

문재인 대통령과는 아무런 면식도, 인연도 없었다. 부총리로 지명되고 나서 9일 뒤인 5월 30일에야 대통령을 처음 만났다. 인사청문회 8일 전이었다. 당시 기획재정부에서 준비 중인 추경예산안 내용을 보고하기 위한 자리였다. 보고 직전에 대통령을 따로 만나게 해달라고 했다. 여러 사람이 참석하는 보고 자리에서 "처음 뵙겠습니다."라고 인사할 수는 없기 때문이었다.

20분 정도 독대를 하며 세 가지 말씀을 드렸다. 경제부총리 책임으로 경제운영에 최선을 다하겠다는 다짐, 인사청문회에서 혁신성장에 대한 소신을 피력하며 적극 대처하겠다는 의지, 그리고 대통령께 정기적으로 직접 보고할 기회를 달라는 요청이었다. 밖에서 듣던 대로 대통령은 따뜻함이 넘쳐났다. 내 이야기와 요청을 흔쾌히 들어주셨다. 내게는 한 가지만 당부하셨다.

"우리 경제의 패러다임을 바꿔주십시오."

가슴이 벅찼다. 12년 전 비전 2030에서 내세웠던 바로 그 모토가 아니었던가!

사실 비전 2030에서 내세운 패러다임의 전환도 업그레이드가 필요했다. '선(先)성장 후(後)복지'의 틀을 성장과 복지가 함께 가는 '동반성장'의 틀로 바꾸자는 주장도 이미 12년 전의 이야기였다. 여건이 크게 변했다. 경제는 저성장 국면으로 접어들었고 양극화는 경제·사회의 지속가능성을 위협하는 수준까지 이르렀다. 공정과 신뢰의 가치가 위협받으면서 사회갈등의 골은 깊어만 갔다. 성장을 하고 선진국이 돼서 이런 문제를 해결하는 것이 아니라, 이런 문제에 대한 답을 먼저 찾아야 성장도 하고 선진국이 되는 시대가 된 것이다.[08] 새 패러다임은 어떻게 '지속가능한 성장'을 만드는가에 열쇠가 있다고 생각했다.

인사청문회를 준비하면서 두 가지에 특히 신경을 썼다. 첫째는 경제에 대한 큰 그림이었다. 청문회 준비팀에서는 공약집을 내밀었지만 공약집은 개별 정책의 모음일 뿐 경제의 비전과 방향까지 보여주진 못한다. 나는 우리 경제를 '현상'과 '본질'로 나눠 분석했다. 그동안 현상을 좇다 본질을 놓치는 우를 여러 번 범했기 때문이다. 수요부족, 공급과잉, 양극화, 저성장, 분배악화, 저출산·고령화, 일자리 부족, 가계부채 증가 등은 눈에 보이는 현상 차원의 문제들이다. 반면 과잉 및 불공정 경쟁, 이권(利權)경제, 저(低)신뢰와 부족한 사회적 자본, 승자독식구조와 무한경쟁, 왜곡된 사회보상체계 등은 상대적으로 가려진 본질적 문제들이다.

청문회에서 경제운영 방향으로 세 기둥을 제시했다. '사람 중심 투자', '혁신성장', '공정경제'였다. '소득주도성장'이란 표현은 일부러 쓰지 않았다. 대통령 선거공약인 소득주도성장 정책 패키지의 내용은 '사람 중심 투자'에 충분히 담을 수 있다고 생각했다.

앞으로 사람이 중심이 되어 지속적으로 성장하는 경제를 중점 정책목표로 제시하고자 합니다. (중략) 향후 이를 실천하기 위해 사람 중심 투

자, 공정경제, 혁신성장이라는 세 가지 정책방향에 우선순위를 두고자 합니다.[09]

둘째는 보완이 필요한 부분이었다. 소득주도성장만 너무 강조되면서 새 정부 경제정책 방향의 전부인 것처럼 인식되는 것은 바람직하지 않다고 생각했다. 장기적으로는 소득주도성장의 정책 패키지가 어려운 계층의 구매력을 높여 소비증대 효과가 나오고, 투자증대까지 이어질 수 있다. 그러나 이것은 소비 측면만 볼 뿐 공급 측면을 간과한 것이다. 제대로 된 성장은 공급 측면에서의 혁신성장을 함께 필요로 한다. 인사청문회에서 혁신성장에 대한 소신을 밝히겠다고 대통령께 앞서 이야기한 이유였다. 자칫 일부 계층의 소득만 늘리면 성장이 된다는 식으로 오도될 가능성과 정치적 프레임 논쟁으로 번질 위험성이 크기 때문이다.

취임하자마자 혁신성장의 구체적인 추진계획을 만드는 작업에 착수했다. 비전 2030 보고서에서 주장했던 '제도개혁'과 같은 맥락이다. 경제뿐 아니라 교육, 사회, 공공 등 모든 부문에서의 혁신과 구조개혁을 통해 우리 수준을 업그레이드하자는 것이다. 상품·자본·노동시장 전반에 걸쳐 혁신을 제약하는 제도와 환경을 바꾸는 것이 시급했다. 원활한 시장진입, 혁신인재 양성, 모험자본의 공급, 기업친화적인 제도로의 변화를 추진했다. 또한 플랫폼 경제, 스마트 공장, 핀테크, 에너지 신산업, 스마트 시티, 바이오헬스, 미래 자동차 등 선도 산업에 대한 정책적 지원을 통해 혁신성장을 견인토록 했다.

소득주도성장인가, 혁신성장인가

재임기간 내내 주장한 '혁신성장'은 초기에는 큰 주목을 받지 못했다. 열심히 부르짖어도 반향이 크지 않았다. 정부 출범 초기부터 '소득주도성장'이 경제정책의 핵심으로 자리 잡고 있던 탓이었다. 청와대와의 이견도 컸다. 그러나 일관되게 혁신성장을 추진했고 결국 경제운영 3대 축의 하나로 자리 잡게 되었다.

물론 혁신성장 정책의 성과에 대해서는 아쉬움이 크다. 창업 실적 등 일부 결과는 괜찮았지만 가시적인 효과로까지 연결되지 않는 답답함이 있었다. 정책에 대한 신뢰, 일관성, 예측 가능성을 시장에 주지 못한 원인이 크다. 혁신생태계를 바꾸는 것은 단기간 재정지원 등의 정책 수단만으로는 효과가 나오기 어렵다. 긴 호흡으로 꾸준한 추진이 필요한 일이다.

소위 '소득주도성장'에서 지향하는 양극화, 경제적 불균형, 계층이동 단절의 문제해결은 마땅히 우리가 가야 할 길이다. 그러나 소득주도성장은 우선 네이밍(naming)부터 잘못됐다. '소득'만이 '주도'해서는 '성장'이 이루어지지 않는다. '공급' 측면에서 혁신이 함께 이루어져야 한다.

시장의 수용성도 충분히 고려하지 못했다. 자영업자가 전체 취업자의 25%에 달하고 소상공인과 영세 상공업자가 750만 명인 경제구조에서 비용의 증가가 고용과 투자에 미치는 영향을 냉철하게 봐야 했다. 여기에 더해 시장과의 소통에서 실패했다. 최저임금의 급격한 인상이 곧 소득주도성장이라는 공식이 만들어졌다. 결과적으로는 우리 경제가 '가야 할 방향'임에도 많은 국민들이 '잘못된 방향'이라고 오인하고 말았다. 진보의 가치를 추구한다고 하면서 진보의 가치를 해치는 결과가 나온 것이다.

부총리 재임 1년 6개월, 보람과 아쉬움이 교차한다. 기획재정부에서는 오래전부터 부총리 성적표는 경제성장률로 결정된다는 말이 있었다. 재임 중 성장률은 2017년 3.2%, 2018년 2.9%였다. 3% 성장률 복귀는 3년 만이었고 1인당 국민소득은 처음으로 3만 달러를 넘었다.

자부심을 가진 일 중의 하나는 대외변수의 관리였다. 2017년 취임 직후 부딪힌 문제는 주로 대외문제들이었다. 북핵 문제에서 비롯된 지정학적 위험, 만기가 도래한 중국과의 통화스왑 연장, 미국과의 FTA와 환율협상 등 고비가 있었다. 주요국 재무장관들과의 협의와 다자간 국제협력 채널을 통한 협력, 국제신용평가사와의 소통을 통해 비교적 원만하게 문제를 풀었다.

성취도 있었지만 좌절도 컸다. 이임 기자회견에서 보람과 아쉬움에 대한 질문을 받고 이렇게 답했다.

"혁신성장 전도사 역할을 한 것이 가장 큰 보람이었다. 아쉬운 점은 역시 일자리 문제인데 하반기 들어서는 가슴이 숯검댕이가 됐다. 소득 분배 문제도 아쉬움이 남는다."

그러나 내 스스로 던지는 질문은 따로 있었다. 처음부터 다짐했던 경제 패러다임의 변화를 얼마나 이루었는가. 그 작은 기틀이라도 만들었는가. '그렇다'고 답하기는 어려울 것 같다. 지속 가능한 성장, 복지국가, 시장과정에서의 불공정과 시장이 결과로 나오는 불균형의 해결, 시장원리와 시장만능주의의 경계, 사회의 복원, 혁신성장, 시장과 정부의 역할…. 이런 문제들에 대한 방향을 새롭게 정립하는 데까지 미치지 못했다. 부총리가 돼서도 문제를 풀지 못한 한계와 버거움은 무엇이었을까 하는 의문이 계속 들었다.

정치적 의사결정의 위기

비전 2030 작업 때 경험한 문제들은 부총리 재임 때도 여전했다. 아니, 더 악화됐다. 사회의 담론 수준은 조금도 나아지지 않았다. 공감과 소통 부족 문제는 더 심각해졌고 사회적 타협의 기반은 더욱 좁아졌다. 가장 큰 문제는 정치다. 구조적인 문제를 해결할 수 있는 여건과 상황을 정치가 만들어내지 못한다면 정권이 바뀐다고 틀이 달라질 리가 없다. 이 틀을 깨지 못하는 한 어느 정권이든 실패할 운명을 갖고 탄생한다. 2018년 11월 7일 국회 예결위에서 지금이 경제위기가 아니냐는 어느 의원의 질의에 이렇게 답했다.

"지금 상황은 경제적 위기라기보다는 정치적 의사결정의 위기입니다."

중요한 경제·사회문제 해결의 장은 국회, 정당을 중심으로 하는 정치판이다. 법 제정뿐 아니라 중요한 정책방향의 결정, 예산의 심의·의결은 모두 국회에서 이루어진다. 그런데 정치가 가장 큰 걸림돌이 되고 있는 것이다. 무슨 문제든 진영논리의 제물이 된다. 경제 패러다임을 바꾸거나 개혁하려는 법안은 번번이 막힌다. 예산은 매년 볼모로 잡힌다. 어떤 때는 한 발짝도 나갈 수가 없다. 문제를 해결하는 것이 아니라 더 꼬이고 복잡하게 만든다. 갈등구조는 정치권을 넘어 사회의 모든 부문으로 확장된다. 정치의 네거티브 선도기능이 작동되는 것이다. 그러면서 우리 사회의 문제해결 능력은 점점 떨어진다.

공감과 생산적 토론이 부족하기는 청와대와의 관계에서도 마찬가지였다. 어떤 면에서는 청와대도 정치권과 비슷하다. 부총리 재임 내내 최저임금, 소득주도성장, 조세정책, 재정규모, 부동산 대책, 대외관계, 혁신성장 등 거의 모든 부문에서 의견 대립이 심했다. 이견이 강하고 토론이 세게 붙으면 비슷한 양상으로 전개됐다.

가장 큰 논쟁거리는 최저임금이었다. 인상의 필요성에는 누구나 동의한다. 나도 마찬가지다. 극심한 경제적 불균형을 해소하고 소비를 늘려 총수요를 늘릴 필요가 있다. 그러나 다른 측면도 함께 봐야 한다. 임금은 생산성 문제와 불가분의 관계가 있기 때문이다. 근로자의 임금은 고용주나 생산자의 비용일 수밖에 없는데 급격한 인상은 투자와 경제를 위축시킬 우려가 있다. 즉 노동의 '가격'이 오르면 사람을 쓰려는 수요가 줄거나, 이미 고용된 사람에 대한 조정이 일어나 고용에 악영향을 미칠 수 있다.

여러 차례 강하게 내 의견을 개진했다. "최저임금 인상의 방향은 맞다. 다만 인상의 폭과 속도는 우리 경제 상황과 시장의 수용성 여부를 고려해 정해야 한다. 인상 방향과 목표를 분명하게 제시하고 임기 내 순차적으로 하자." 결국 내 의견은 받아들여지지 않았다. 한참 뒤 듣기로는, 기획재정부에서 의견을 제시하기 전 이미 청와대 정책실 주도로 연구기관 등과 팀을 구성해 인상률 등을 논의하고 내부적으로 결정했다는 것이었다.

첫해 최저임금이 16.4% 올랐다. 둘째 해 인상 논의 때는 위기의식을 느꼈다. 무엇보다도 고용에 미치는 영향이 가장 큰 걱정이었다. 정책실과 크게 부딪쳤다. 대통령께 현실을 적나라하게 보고하려고 준비했지만 기회는 번번이 저지당했다.

결과적으로 둘째 해에도 최저임금은 10.9% 가파르게 오른다. 최저임금위원회에서 인상률을 결정한 직후인 2018년 7월 31일 국무회의에서 정부가 나서서 재심을 청구하자는 주장을 했다. 재심에서 인상률이 수정되면 다행이고, 설령 수정되지 않더라도 정부가 시장의 우려를 충분히 유념하고 있다는 메시지를 줄 수 있다는 논리였다. 역시 받아들여지지 않았다. 2018년 8월 발표된 7월의 고용지표는 바닥을 친다. 통계 발표 직후 고용부진에 대한 책임을 지겠다는 이유를 내세워 사의를 표했다.

부총리 퇴임 후 시장에서 여러 문제가 나타나자 최저임금 인상률은 2020년 2.9%, 2021년은 역대 최저인 1.5%로 결정됐다.[10] 결과적으로 온탕과 냉탕을 급히 오가는 모습이 되어버렸다. 경제부총리 재임 시 주장했던 대로 분명한 방향을 제시하고 5년 임기 동안 적정인상률로 관리했었더라면 어땠을까 하는 안타까움을 떨칠 수가 없었다. 철학과 정책 목표를 분명히 제시하면서 헤쳐나가는 일머리가 부족했던 것이다.

대폭 오른 임금인상분 중에서 예년 수준의 통상적인 인상폭을 넘는 부분을 예산에서 직접 지원하기 위한 일자리안정자금을 만들자는 정책실의 주장에도 반대했다. 정부예산에서 노동의 시장가격인 임금을 직접 지원하는 것은 재정원칙에 맞지 않을 뿐 아니라 시장을 왜곡시킨다는 논리였다. 일반 근로자의 인건비를 예산에서 직접 지원하는 것은 이제까지 한 번도 해보지 않은 일이었다. 주무부처와 집행을 맡은 공단에서도 난색을 표했다. 대안으로 근로장려세제의 대폭 확대, 사회보험 지원과 영세 자영업자 지원대책을 제시했지만 받아들여지지 않았다.

할 수 없이 운영방안을 만드는 과정에서 최소한의 안전장치 두 가지를 강하게 주문했다. 첫째, 일자리안정자금 예산은 2차년도부터 줄어들게 편성할 것. 둘째, 이번 정부 임기 내에 일자리안정자금 사업 자체가 일몰되도록 해서 다음 정부에 부담을 주지 않도록 설계할 것.

혁신성장의 추진에도 애로가 많았다. 청와대 정책실과 의견이 맞지 않았다. 혁신성장을 내세운 초기에는 관심 밖이었고 냉소적이기까지 했다. 그러다 4개월 가까이 지난 9월 26일에야 국무회의에서의 대통령 발언을 계기로 혁신성장은 경제운영 핵심축의 하나로 자리 잡게 되었다.

소득주도성장이 수요 측면에서 성장을 이끄는 전략이라면, 공급 측면

에서 성장을 이끄는 전략이 혁신성장이라고 판단한다. 우리 정부의 경제정책은 사람 중심 경제로, 일자리와 소득주도성장·혁신성장·공정경제라는 3개의 축으로 이뤄진다.

하지만 그 뒤로도 여전히 소득주도성장과 정책 우선순위 문제로 견제를 받았다. 정책실은 전(前) 정부와 유사한 정책이나 대기업을 지원하는 내용에 대해 특히 민감했다. 나는 유연할 필요가 있다고 줄곧 주장했다. 경제는 흐름이기 때문에 정권 기간별로 잘라 볼 필요는 없다는 이야기도 했고,[11] 대기업의 잘못된 관행이나 편법은 바로잡되 혁신성장의 중요한 파트너로 함께 가야 한다고 했다. 그러나 혁신성장의 내용과 속도, 시장과의 소통 등 여러 면에서 나온 이견은 잘 조정되지 않았다. 불협화음이 때로는 밖으로 표출되기도 했다.

공직을 떠난 후 많은 자성을 했다. 부총리로 있으면서도 해결하지 못했던 무능과 한계, 내가 놓쳤던 것들에 대해서다. 내게도 큰 책임이 있다는 고백을 하지 않을 수 없다. 2017년 6월부터 2018년 12월까지 부총리로 재임하는 동안 경제운영에 대한 책임은 전적으로 내게 있다. 정책결정 과정이 어땠든, 내부갈등으로 인한 제약이 얼마나 컸든 1차적인 책임은 경제수장이었던 내가 지는 것이 마땅하다. 누구를 탓하거나, 처했던 환경과 여건을 들어 변명하는 것은 옳지 않다.

그러나 한편으론 기존 패러다임의 견고함, 핵심 의사결정자들의 의식과 역량에 대해서 여러 생각을 하지 않을 수 없다. 이 모든 것이 합쳐져 우리 사회의 수준과 실력을 이루고 있다는 생각도 든다.

"그게 우리의 현실이고 실력입니다."

2018년 10월 25일 국회 기획재정위원회에서 정부 내의 불협화음에 대한 질문을 받고 내가 한 답은 그 안타까움을 직설적으로 표현한 것이다.

우리 경제의 패러다임을 바꿔보자는 꿈은 이루지 못했다. 비전 2030 보고서의 실천을 제대로 하지 못한 데 이은 두 번째 좌절이다. 회한은 화인(火印)처럼 남아 있다. 부총리를 그만두고 나서도 마음이 무거웠다. 풀어야 할 숙제를 마치지 못한 무거운 부담감이 내내 마음을 짓눌렀다.

03

세 번은 아니다

일반 부처는 국회 국정감사를 하루나 이틀 동안 받지만 기획재정부는
유독 나흘이나 받는다. 경제정책을 총괄하는 부처이기 때문에 국정감사
도 집중적으로 받는 것이다.

2018년 10월 29일 월요일, 국정감사 마지막 날이었다. 질문이 온통
부총리에게 집중되기 때문에 몹시 긴장되고 피곤한 날이다. 마침 그날
은 결혼 35주년이었다. 아침 일찍 집을 나오면서 아내에게 조그만 선물
을 주고는 저녁을 함께 못 하는 상황에 대해 양해를 구했다.

결혼기념일 선물

밤 10시 반경 국정감사가 끝났다. 집으로 가는 차 안에서 아내에게 전화해 잠깐 나오라고 했다. 어리둥절해하는 아내와 밤 11시경 동네 호프집에 갔다. 맥주를 한 병 시켜놓고 이야기를 꺼냈다.

"오늘 결혼기념일인데 아침에 준 선물이 빈약해서 하나 더 주려고."

아내는 눈을 동그랗게 떴다.

"아침 것과 달리 큰 선물인데?"

이제 자못 기대하는 눈치다.

"부총리 그만두는 선물!"

꽤나 놀라겠다 싶었는데, 뜻밖에 아내는 침착했다.

잠깐 숨을 고르더니, "연락 받았어?"라고 물었다.

고개를 끄떡였다. 아내는 내 손을 꼭 잡으며 말했다.

"진짜 큰 선물이다. 정말 고마워. 그동안 수고했어."

그날 아침 국정감사를 위해 국회에 갔는데 청와대로부터 전화가 왔다. 내 교체 인사에 대한 통보였다. '통보'를 대단히 미안해하면서, 발표 시기를 나흘 뒤인 11월 2일로 할지, 아니면 그다음 주인 11월 9일로 할지에 대해 대통령께서 내 의사를 물어보라고 하셨단다. 사흘 뒤에는 대통령 국회 시정연설이, 다음 주인 11월 5일부터 8일까지는 국회 예산결산특별위원회 정책질의가 예정되어 있었다. 이야기하는 투로 봐서는 시정연설 다음 날인 11월 2일 인사발표를 했으면 하는 것 같았는데, 경제부총리로서 답변을 책임져야 하는 예결위 정책질의가 그다음 주에 있어 난감해하는 눈치였다.

상관없다고 하며 대통령 뜻에 따르겠다고 답을 했다. 너무 담담한 답에 청와대 인사가 오히려 놀라는 기색이었다. 후임이 누구인지 물어보지도 않았다. 나는 석 달 전인 8월 이미 사의를 표했다. 내심 여러 이유가 있었지만, 나빠진 고용상황에 책임을 지겠다는 이유만 댔다. 국회 질의에서 고용상황에 대한 책임 이야기가 나올 때마다 "경제수장인 제 책임"이란 대답을 반복할 때였다.

정무직 인사는 보통 직전에 '통보'하는 게 일반적이기 때문에 그만두는 날짜에 대한 의견을 물어준 것은 대단히 이례적인 일이다. 고마운 일이었다. 대통령의 배려가 느껴졌다. 결국 11월 9일 발표하는 것으로 결정이 됐다. 청와대 참모들은 11월 2일 교체발표를 건의했지만, 대통령께서 11월 9일로 결정했다고 들었다. 나로서는 예결위 정책질의를 마무리 짓는 책임을 완수할 수 있게 되어 다행이었다.

11월 5일부터 8일까지 진행된 정책질의에서는 내 교체에 대한 질문이 많이 나왔다. "인사에 대해 언급하는 것은 적절치 않다. 다만 어떤 경우가 생겨도 내년도 예산안은 제가 책임지고 질의에 답변 드리고 법정기한 내 통과시키도록 최선을 다하겠다."고 대답했다.

교체 인사가 발표되고 12월 초까지 새해 예산안 통과와 아르헨티나에서 열린 G20 정상회의 마무리에 최선을 다했다. 며칠 밤을 새운 끝에 12월 8일 토요일 새벽, 예산안이 통과됐다. 다음 날인 12월 9일 일요일,

그다음 주 국무회의에 올릴 예산서류 뒷정리 등을 마친 뒤 12월 10일 부총리직을 떠났다.

이임 직전 마지막 기자간담회를 가졌다. "군인에게는 전장에서 죽는 것이 가장 영광스러운 일이라면, 공직자는 마지막까지 최선을 다해 할 일을 하는 것이 영광이다. 그만두는 날까지 예산안 통과와 G20 정상회의 마무리라는 일이 주어져 정말 감사했다." 진심이었다. 마지막까지 밤새워 할 일이 주어진 것만으로도 나는 행복한 공직자였다.

부총리 1년 6개월 하루. 이임식은 따로 하지 않았다. 이임사만 전자메일로 보냈다. 세종 청사에서 직원들과 일일이 인사를 나눈 뒤 서울에 있는 혁신본부에 들러 감사를 표했다. 재임 중 가장 역점을 둔 혁신성장을 위해 고생한 직원들이었다. 그러고는 광화문 청사에서 간부들과 마지막 인사를 나눈 뒤, 관용차를 마다하고 오래된 개인 소나타를 직접 몰고 사무실을 떠나왔다. 안녕, 만 34년의 공직생활. 굿바이, 20대 중반부터 바쳤던 내 청춘과 열정.

공직생활을 그렇게 마무리했다. 사의를 표한 지 4개월 만이었다. 홀가분했다. 국가를 위해 헌신할 수 있었던 기회에 그저 감사하는 마음뿐이었다. 자리에 대한 아쉬움이나 미련은 조금도 없었다. "평범한 소시민으로 돌아가겠다."고 담담하게 말할 수 있었다. 제일 큰 선물은 아내가 받았다. 늘 내 건강을 걱정하던 아내는 이제껏 받은 결혼기념일 선물 중 최고라고 했다.

세 가지 질문

부총리를 그만두고는 긴 시간 서울을 떠나서 지냈다. 그동안 속했던 세상에서 떨어져 성찰과 반성의 시간을 갖고 싶었다. 내가 했던 일, 내가 하지 못했던 일에 대해 생각했다. 조용히 관조하고 싶었다. 머리에서는 늘 세 가지 질문이 떠나지 않았다. 우리 사회의 진짜 문제는 무엇일까. 문제를 풀 해법은 무엇일까. 어떻게 하면 실천에 옮길 수 있을까.

퇴임 후 들어온 모든 제의를 사양했다. 공직의 새 자리, 몇 군데 대학 총장, 큰 기업들이나 단체, 정치권으로부터 온 제의들이었다. 정치권의 권유는 특히 집요했다. 총선과 서울시장 출마 등이 있었지만 모두 사양했다. 예산실장 때부터 자연스럽게 제도권 정치와 접촉하고 경험하며 얻은 나름의 교훈 덕이 컸다.

> **정치는 시대적 소명의식, 책임감, 문제해결 대안 없이는 할 수 없는 일이라고 느꼈습니다. 누구나 할 수 있지만, 아무나 해서도 안 되는 것이 정치란 생각입니다. (중략) 솔직히 고백하자면, 저도 경제나 사회구조적 문제를 쾌도난마처럼 해결할 수 있는 해법과 대안을 갖고 있지 못합니다. 더 고민하려 합니다. 그동안은 공직자와 전문가들과 대안을 찾는 노력을 했지만 이제는 삶의 현장에서 기업인, 자영업자, 청년, 농민 등과 호흡하며 찾아보려 합니다.[12]**

그러고는 1년 6개월 넘게 지방을 많이 다녔다. 기차와 시외버스 등 대

중교통을 이용해 여러 곳을 찾았다. 특별한 목적 없이, 계획도 세우지 않고 아내와 함께 그냥 발길 닿는 대로 다녔다. 구례에서는 민박을 했고 상주에서는 좁은 땅콩주택에서, 가평에서는 숲속 통나무집에서, 논산에서는 김홍신 문학관에서, 거제와 여수, 서산에서는 어촌계 숙소에서 머무르기도 했다. 자연스럽게 사람 사는 모습을 보고 많은 분들을 만났다. 농민, 어민, 자영업자, 기업인, 청년 등 공직에 있을 때 좀처럼 만나지 못했던 평범한 서민, 이웃들이었다. 많은 이야기를 들었다. 진정성과 절실함이 녹아 살아 있는 이야기들이었다.

전남 보성에서 만난 청년 농부들과는 딸기, 블루베리 등 각자가 경작하는 작물에 대한 혁신을 주제로 대화를 나눴다. 전남뿐 아니라 경북, 대전 등지에서 온 젊은이들이었다. 브랜드, 마케팅, 가공 노하우 등 다양한 아이디어를 자기 일처럼 서로 교환했다. 경북 예천에서는 사과 과수원을 하는 청년들과 농업혁신에 대한 토론을 했다. 당시에 만난 청년의 절반은 귀농한 젊은이들이었다. 예천 사과에 스토리와 브랜드를 만드는 방안부터 국민 한 사람이 1년에 평균 13개의 사과를 먹는데 15개로 소비를 늘리는 방안까지 나왔다. 과수원에서 담배 피지 않기, 욕하지 않기와 같은 다짐도 있었다. 소비자에게 마음이 담긴 사과를 공급하자는 취지였다.

거제, 여수, 서산 그리고 통영에서는 어촌계 대표, 어민들과 어촌 뉴딜, 어업혁신에 대한 대화를 나눴다. 굴 양식에서 가장 애로인 굴 껍데기 처리방안에 대한 고민도 들었다. 경남 밀양 산내면에서는 얼음골 사과의 지속가능성과 주민 삶의 질 향상에 대한 토론을 벌였다. 지구온난화에 대비한 사과농사의 방향도 주제 중 하나였다. 이미 부산, 포항 등지에서 은퇴한 교수 여섯 분이 집을 옮기고 산내면 발전을 위한 스마트 창조위원회를 면사무소와 함께 운영 중이었다. 거제와 밀양 주민들과는 지속적으로 소통하기로 약속했다.

사회적 벤처 기업인과의 만남은 늘 유쾌했다. 개별 기업의 이익뿐 아니라 사회적 가치까지 생각하며 비즈니스 모델을 만드는 젊은이들이다. 청각장애인을 고용해 택시 영업을 하는 기업, 폐차 가죽시트로 가방을 만드는 기업, 현실 공간에서 가상현실 체험을 통해 지역경제를 활성화하는 기업 등 업종과 업태도 다양했다. 그러나 공통점은 분명했다. 바탕은 혁신과 기업가정신이었고 비즈니스를 통해 양극화, 사회적 이동 단절, 실업, 환경 파괴 등 사회문제 해결에 노력하는 것이다. ESG 가치를 실천에 옮기는 것이다.

가격은 숫자로 표시되지만 가치는 내재적이다. 앞으로는 가격과 품질 못지않게 가치가 소비를 결정할 것이다. 2~9년 차 사회적 벤처기업들로 구성된 '소셜 임팩트 포럼'을 만들었다. 포럼은 비즈니스를 통한 사회적 가치의 실현, 소셜 임팩트 기업의 확산, 일반 소비자의 '가치소비' 인식 제고 등을 목표로 활발하게 활동하고 있다.

이렇게 직접 부딪치고 몸으로 하는 체험을 통해 갖게 된 화두는 '실천'이었다. 우리 사회에 좋은 말들은 차고 넘치지만 정작 실천이 없다는 생각이 들었다. 실천이 없는 좋은 말과 생각들은 공허하다. 불신과 냉소를 잉태한다. 신뢰는 오직 솔선과 실천에서 나온다.

나부터 작은 실천을 하자는 생각에서 조그맣게 비영리법인을 만들었다. '사단법인 유쾌한 반란'이다. 생각과 말이 아닌 실천을 모토로 '혁신, 사회적 이동, 소통과 공감'이라는 세 가지 방향을 내세웠다. 몇 가지 약속도 했다. 철저하게 투명한 운영과 재정, 정부로부터 지원받지 않기, 임원들의 무보수 자원봉사다. 몇 개의 프로그램을 만들어 작지만 실천에 옮기는 일을 진행해 오고 있다.

여러 지방을 다니고 많은 사람들을 만나며, 또 사단법인 프로그램을 통해 생각은 달라도 이해하려고 노력하고 서로 조금씩 양보하는 모습을 보았다. 같거나 다른 일을 하는 사람들끼리 협력하면서 상생하려는 의지와 실천도 보았다. 정치와 정책의 장에서는 보기 어려웠던 서로 이해하고 공감하는 사례들을 보고 경험했다. 크지 않지만 각자 삶의 영역과 커뮤니티에서 사회적 타협의 가능성을 보았다. 새로운 희망을 볼 수 있었다. 우리 사회문제의 해답들을 제도권 정치나 정책의 판에서가 아니라 '생활정치'에서 찾을 수 있겠다는 희망이었다. 위로부터가 아니라 아래로부터 솟구쳐 나오는 활력과 에너지를 느꼈다.

공직을 그만두고 한 고민과 체험, 작은 실천들은 늘 머리에 담고 있던 세 가지 질문에 대한 답을 찾는 데 큰 도움이 됐다.

우리 사회의 진짜 문제는 무엇인가.

문제를 풀 해법은 무엇인가.

어떻게 하면 실천에 옮길 수 있는가.

이 책은 이 세 가지 질문에 대한 답을 찾는 여정이다. 오랜 공직의 경험, 공직을 그만둔 뒤 했던 성찰과 고민, 그리고 사람 속으로 들어가는 체험을 통해 얻은 것들을 나름 정리한 것이다. 두 번의 좌절을 돌아보면서 '세 번은 아니다'라는 심정으로 쓴 성찰 끝의 고백이자 다짐이기도 하다.

PART 2
우리는 지금 어디에
있는가?

문제의 뜻을 제대로 알지 못해 낭패를 본 적이 있다. 정치학 과목 논술형 주관식 시험에서였다. 2시간 동안 답안지 10장을 채워야 했다. 출제된 세 문제 중 하나는 국제정치학 주제인 '남북문제'에 대한 내용이었다. 선진국과 저개발국가 간 격차에서 나오는 구조적인 문제와 해결에 대해 묻는 질문이었다. 나는 이 문제를 한반도의 남북한 관계를 묻는 것으로 착각하고 꾸역꾸역 답안지를 채웠다.

문제가 무엇인지도 모르고 답을 쓴 것이다. 나중 확인해보니 내 점수는 40점이었다. 과목낙제 커트라인에 딱 걸린 점수였다. 그제야 문제를 잘못 알았다는 것을 알았다. 얼마나 얼굴이 화끈거렸던지. 1980년대 초 행정고시 2차 시험 때의 경험이다.

문제를 모르면 답을 제대로 쓸 수가 없다. 문제를 잘못 해석해도 마찬가지다. 우리는 우리의 문제를 제대로 알고는 있는 것일까. 경제·사회 문제는 나무와 같다. 가지와 잎처럼 눈에 보이는 '현상'도 있고, 땅속의 뿌리처럼 눈에 보이지 않는 '본질'도 있다.

　우리의 진짜 문제는 과연 무엇일까?

04

대한고(高)와 대한민국

도심에서 멀리 떨어지지 않은 동네에 '대한고등학교'라는 학교가 있다. 먹고살기도 빠듯한 동네여서 부모들은 자녀들의 공부나 진학에 신경 쓰기 어려운 형편이다. 학생들도 공부를 포기하거나 의욕을 갖지 못해 학업성과가 다른 학교에 비해 현저히 낮다. 굳이 점수로 이야기하자면 전교생 평균이 40점대에 불과하다. 대학에 진학하는 학생은 가뭄에 콩 나듯 나온다. 다른 학교 평균은 낮게는 60점대에서, 높게는 90점대까지 나오기 때문에 이 학교는 구제불능이라는 이야기까지 듣곤 했다.

대한고등학교 이야기

언제부터인가 대한고등학교에 변화의 바람이 불기 시작한다. 새로 온 교장이나 교사들의 영향도 있었고, 학생들 사이에서 '우리도 한번 해보자'는 의욕이 넘친 덕분이다. 학교는 엄한 규율을 만든다. 정규 수업시간 전, 그리고 방과 후 자율학습시간을 추가로 만들어 더 공부시킨다. 학교는 중앙통제식 스파르타 교육을 시키며 학생들 간 경쟁을 부추긴다. 점수경쟁, 진학경쟁에서 이기는 길은 다른 친구들보다 한 발이라도 앞서 나가는 것이다. 우열반을 만들어 일부 우수한 학생들에게는 더 많은 투자를 한다. 성과는 눈부시게 나타나기 시작한다.

경제학에 '72의 법칙'이 있다. 지금과 같은 성장이 지속된다면 경제규모를 2배로 키우는 데 몇 년이 걸릴까 하는 질문에 답을 주는 간단한 계산법이다. 숫자 72를 올해 성장률로 나누면 된다. 예를 들어 올해 10% 성장을 했다면, 72를 10으로 나눈 숫자인 7.2년이 경제규모를 2배로 키우는 데 걸리는 기간이다.

이 학교가 딱 그랬다. 매년 말 기말고사 평균성적이 10%씩 올라간다. 7년이 지나니 학교 평균성적은 80점대로 올라갔다. 경이로운 일이었다. 학교가 한강과 가까워 일부에서는 '한강의 기적'이라고 부르기도 했다. 학교와 학생들은 자신감이 넘쳐났다. 대학진학 시장에서 소위 '엘리트 클럽'이라고 불리는 평균 90점대 학교 수준에 곧 도달하겠다는 기대가 넘쳤다.

그런데 이상한 일이 벌어진다. 언제부터인가 아무리 애를 써도 더 이상 성적이 올라가지 않는 것이다. 80점 초반대에서 제자리걸음을 한 지가 벌써 꽤 오래됐다. 학교나 학생들 입장에서는 도저히 이해가 되지 않았다. 열심히 하는데 왜 성과가 안 나올까, 엘리트 클럽에 들어가는 문턱이 이렇게 높은가 하는 의문이 계속 들었다. 이제까지의 성공방법대로 학교는 더욱 강화된 규제와 감독을 통해 교사와 학생들을 몰아붙인다. 자율과 창의보다는 규율과 경쟁이 핵심이라는 신념에는 변함이 없다. 그러나 기대하는 결과는 나오지 않는다. 답답하기 짝이 없는 일이다.

　다른 문제도 생긴다. 학생들 간에 성적 편차가 심해진다. 90점을 훌쩍 넘는 학생도 간혹 나오지만 많은 학생들은 성적이 오르지 않는다. 성적이 10%씩 올라가던 시절에는 학생들 간에 정도의 차이가 있어도 대체로 성적이 함께 상승했다. 그런데 어느 단계를 지나니 상위층 학생 성적은 계속 오르는데 나머지 학생들 성적은 오르지 않거나 떨어지는 '성적 양극화' 현상이 두드러졌다. 성적 상위층 학생이나 학부모들은 자기들만의 리그를 만들어 입시정보나 시험 노하우를 끼리끼리 공유한다. 성적격차는 더 벌어지고 하위그룹 학생들이 상위그룹으로 옮겨가는 것은 점점 어려워진다. 시험과정이나 결과의 공정성에 대해 이의를 제기하는 일도 자주 생긴다.

　또 다른 문제도 나타난다. 경쟁을 부추기고 보상의 차이를 강조하다 보니 학생들 간에 불신과 갈등이 심해진 것이다. 수단을 가리지 않고 시험과 입시에서 이겨야 한다는 분위기가 팽배해지면서 옆의 급우는 친구가 아니라 경쟁자가 된다. 학생들 간 이해와 신뢰, 협력은 없어지고 극단의 이기주의가 나타난다. 경쟁자를 이기기 위해 학부모나 학생이 편법을 쓰는 모습도 눈에 띈다. 학교가 점점 정글이 되어가면서 인간성이 피폐해진다. 학생들 대부분은 자신이 행복하지 않다고 생각하게 되고 심지어 우울증에 걸리는 학생이 나오기도 한다.

　이런 상황에서 학교는 둘로 쪼개진다. 성적차이, 부모의 배경, 입시정보에의 접근 정도에 따라 교사, 학부모, 학생 간에 의견이 갈리고 둘로 나뉘어 싸운다. 학교가 안고 있는 문제에 대한 인식과 해법을 놓고도 둘로 갈라진다. 과거 방식과 새 방식을 주장하는 그룹 간에 싸움이 너무 치열해 대화의 여지가 없을 정도다. 서로를 이해하지 못하고 소통이 안 된다. 논쟁이 격렬해지면서 감정대립이 심해져 상대에 대한 무조건적인 반대가 판을 친다. 학교운영위원이나 대의원, 학생회장 선거 때면 두 그룹은 사생결단을 내듯이 싸운다.

　학교가 문제의 깊은 수렁에 빠져 있다 보니 빠른 속도로 변하는 바깥 세상에 눈을 감게 된다. 지금 초등학생이 고용시장에 진출할 때가 되면 학생의 65%가 현재는 존재하지 않는 직업을 갖게 될 것이라는 이야기가 나온 지 제법 됐다.[01] 지식 사이클이 짧아져 지난 학기에 배운 지식이 이번 학기에는 쓸모가 없는 내용이 되기 때문에 전혀 다른 형태의 대학이 나온다고도 한다.[02] 기술의 진보에 따라 디지털 교육, AI를 활용한 맞춤형 자기주도 학습 등 변화가 일어나지만 학교는 따라가지 못한다. 안에서 싸우다 보니 기술의 진보나 학교 밖 세상 돌아가는 것에 제대로 대처할 여유도, 능력도 없는 것이다.

대한민국 이야기

대한고등학교의 진짜 이름은 '대한민국'이다. 이 학교가 안고 있는 문제가 그대로 대한민국의 문제다. 과거 눈부신 발전을 했지만 성장이 정체된 지 오래다. 대한고등학교가 들어가려는 '엘리트 클럽'은 선진국에 대한 비유다. 언제부터인가 우리는 선진국 문턱에서 주춤하고 있다.

경제학자들은 1960년대 한국과 가장 비슷한 경제상황에 있던 나라로 아프리카의 가나를 꼽는다.[03] 30년 뒤 한국의 1인당 국민소득은 가나의 15배가 된다. 1981년 기준으로 우리나라 국민총생산이 2배가 되는 해는 1987년이다. 불과 6년 만에 경제규모가 2배로 커졌다. 그러나 2019년 2.0% 성장률에 '72의 법칙'을 적용하면 앞으로 30년이 지나도 우리 경제규모는 2배가 되지 못한다. 2020년 성장이 마이너스 0.9%라는 점을 감안하면 이조차도 사치스러운 예측이지만 말이다.

우리 경제가 제자리걸음이다 보니 기회가 만들어지지 않고 있다. 일자리의 기회, 사업의 기회, 교육의 기회가 늘지 않는다. 때로는 줄어들기까지 한다. 취업이 어려워지고 청년실업률은 올라간다. 촘촘한 진입장벽이 쳐지면서 경제활동을 제약한다. 과거의 성공 방정식이 더 이상 작동하지 않지만 여전히 국가개입과 관(官) 주도 같은 과거의 틀을 고수한다. 시장의 역동성과 혁신을 가로막으며 민간의 자유와 창의를 제약한다.

여기에 더해 양극화 문제는 우리 사회의 지속가능성을 위협하는 수준까지 이른다. 한국사회여론연구소 조사에 의하면 국민 89.4%가 격차와 양극화 문제가 '심각하다'고 답할 정도다. 실낱같은 기회조차 공평하게 주어지지 않는다. 양극화 문제는 경제와 정치 두 부문에서 위험요인이다.[04] 경제적으로는 중산층의 붕괴와 구매력 감소, 수요와 투자 부족을 초래해 경제를 침체에 빠뜨린다. 정치적으로는 국민의 불안과 좌절, 적의와 분노를 부추기는 선동가들이 나오고 극단주의와 포퓰리즘이 발호할 가능성이 커진다.

성장이 지체되고 양극화가 심화되면서 사회 전체적으로는 불신이 커진다. 치열한 경쟁과 극단의 이기주의 속에서 다른 편은 이겨야 할 적이된다. 무한경쟁과 승자독식이라는 게임의 규칙 속에서 초과이윤(지대) 추구행태가 사회에 만연한다. 사회구성원 간의 신뢰와 협력, 예측 가능성, 일관성, 투명성과 같은 사회적 자본은 축적되지 않는다. 갈등이 심화되면서 고비용 저신뢰 사회의 길을 간다.[05]

문제는 여기서 그치지 않는다. 나라가 둘로 쪼개지고 있다. 정치·경제·사회·교육 등 모든 삶의 장에서 치열한 싸움과 다툼이 벌어지고 있다. 이기면 다 얻고 지면 다 잃는 승자독식구조가 되다 보니 공감과 타협, 협력의 여지는 거의 없다. 패거리 정치와 진영논리가 판을 치고 내편은 무조건 선, 상대편은 무조건 악이다. 이념 대립, 정치적 양극화가심해지면서 분열과 갈등의 골이 깊어만 간다.

안에서 쪼개져 싸우느라 밖을 내다볼 여력이 없다. 지금 바깥세상은 어떠한가. 국제정치·외교환경이 급변하고, 강대국의 자국이익 우선주의가 기승을 부리며 패권경쟁에 따른 위험이 높아지고 있다. 개방과 자유무역을 축으로 반세기 이상 유지되어 온 국제경제 질서도 재편될 조짐을 보인다. 코로나19 이후 사회 분열, 사회 진지(陣地)의 붕괴, 산업구조와 노동시장의 근본적 변화가 닥쳐오고 있다. 초연결, 탈노동의 모습으로 다가오고 있는 4차 산업혁명, 디지털 혁명, 그리고 인류를 위협하는 지구온난화 등 미래에 대한 대비도 시급하다. 한시바삐 대처해야 하는 바깥세상의 변화에 우리는 선제적으로 대응하지 못하고 있다. 위기에서 빛을 발했던 우리 사회의 탄력성과 회복력이 현저히 떨어지고 있는 것이다.

우리는 왜 이렇게 됐을까?
우리의 진짜 문제는 무엇일까?

05

국가과잉

국가의 성장이 지체되고 기회의 통로가 막히면 국민은 잠재력과 창의를 제대로 발휘할 수 없게 된다. 역으로 국민의 잠재력이나 창의력이 제대로 발휘되지 못하면 국가의 성장동력도 함께 정체된다.

  우리 국민의 놀라운 역동성과 잠재력이 점점 더 활력을 잃어가는 데에는 '국가과잉'이 단단히 한몫하고 있다. 사회 전반에 걸쳐 권력이나 행정, 사법 등 국가가 직·간접으로 개입하는 정도가 지나치리만큼 심하다. 시장원리, 연대원리가 작동하는 영역이 그만큼 줄고 시장과 사적 자치는 위축된다. 국가가 '하지 말아야 할 일'을 하는 것이다.

국가가 직접 자원 배분을 하거나 시장의 가격기능에 개입하면, 규제는 강화되고 각종 초과이윤이 만들어진다. 혁신과 창의가 나올 여지가 줄고 시장과 사회의 역동성이 떨어진다. 그만큼 기회가 만들어지지 않는 것이다. 도전할 기회, 일할 기회, 인정받을 기회, 사업할 기회가 나오지 않는다.

그런데도 문제만 생기면 진보, 보수는 물론 심지어는 시장에서도 국가의 개입을 요구한다. 정부가 해서는 안 되는 일, 현장을 모르는 공무원이 할 수 없는 일까지 주문한다. 정부는 무엇이든 만들어내야 한다. 방식과 내용은 대동소이하다. 민관합동 TF나 기획단의 구성, 단기간에 만드는 보고서 중심의 정책대안, 보조금 지원이나 조세감면 확대와 같은 일들이 반복된다.

국가의 고르기 욕심

국가는 고르기 권한 행사를 통해 자원을 배분하고 초과이윤(지대)을 만들어낸다. 인·허가, 개발권, 사업권, 정책금융 등을 통해 과거 개발연대 시대 때부터 해왔던 방식이다. 시대가 변했는데도 정부는 여전히 심사위원을 자처한다. 시장이 아닌 정부가 정한 기준과 규칙에 따르는 행태와 투자에 인센티브가 주어진다. 자연스럽게 기득권과 진입장벽이 만들어지고 창의와 혁신을 막는다.

이런 방식은 탈락하는 대상을 빼고는 모두를 행복하게 한다. 정부와 공공기관 입장에서는 일하는 티를 내고, 조직과 예산을 늘릴 수 있다. 퇴직 후 갈 자리가 마련되기도 한다. 지원대상이 되는 기업과 산업은 더 말할 것도 없다. 탈락하는 대상은 불만이 있지만 나중을 생각해서 대놓고 얘기하지 못한다. 이와 같은 무언의 '담합'에 대해 정치권과 국민은 열심히 일한다고 박수를 보낸다.

심지어 금융이 할 역할을 정부가 대신하기도 한다. 공단, 협회 등은 지원대상 선정을 위해 나름의 평가지표를 만들어 운영한다. 금융기관에 맡기고 이자율 차이만 보전해도 되는데 굳이 나선다. 기업의 잠재력과 가능성을 평가하는 금융의 몫을 정부가 대신하는 것이다. 그러면서 금융권의 담보 위주 여신과 기업평가 역량 부족을 비판한다. R&D도 마찬가지다. 연구기획에서 예산배정, 지원대상 선정까지 모든 과정에 관여한다. 결과에 대한 평가는 형식적이고 활용은 뒷전이다. 대부분의 과제는 성공한 것으로 나오고 페이퍼 워크만 무성하다.

안 돼 공화국

OECD 상품시장 규제지수에서 한국은 상위 다섯 나라 중 하나다. 글로벌 상위 100대 스타트업이 한국에서 창업한다면 그중 31개는 아예 불가능하거나 지극히 제한적으로만 운영이 가능하다. 글로벌 혁신사업 모델 100개 중 57개는 제한을 받는다.[06] OECD 회원국 중 가장 많은 공공기관을 가지고 있는 나라도 대한민국이다. 전력·가스·석탄 등 에너지 산업뿐 아니라 국방, 교육, 방송·통신, 보건·의료, 건설·주택, R&D 분야 등 거의 모든 부문에서 인사, 규제, 보조금 등을 통해 영향력을 행사한다. 숫자로 표시되지 않는 질적 개입은 더 큰 문제다. 법령에 근거하지 않은 행정 재량행위 등 촘촘한 질적 통제로 시장과 사회를 옥죈다. 실제 경험해보지 않고서는 그 실체나 영향을 알기도 어렵다.

뿐만 아니라 한번 만들어진 규제는 여간해선 없어지지 않는다. 규제와 공무원의 일하는 방식은 동전의 앞뒷면이다. 역대 모든 정부가 규제개혁을 추진했지만 안 되는 이유는 정부의 일하는 방식에 있다. 과거 민간 역량이 떨어지고 정부가 한정된 자원을 집중해 산업·업종·기업을 정해 지원할 때 만든 법체계가 포지티브 시스템이다. 지원받기 위해 갖출 조건, 하지 말아야 할 일을 규정한 것이다.

공무원은 그 틀과 방식에 따라 일 처리하는 것에 익숙하다. 또한 사전에 규제를 강화하는 것이 안전하다. 과소규제나 규제완화로 인한 책임을 무겁게 묻기 때문이다. 거꾸로 과잉규제에 대해서는 아무도 책임을 묻지 않는다. 현재의 인센티브 시스템에서 공무원은 하지 말아야 할 일을 하는 것이 답이다. 그렇지 않으면 역(逆)인센티브를 받는다. 결국 선의에 찬 관료라도 자기 책임 영역을 지키려는 보신행태를 보일 수밖에 없다.[07]

승자독식 정치권과 '청와대 정부'

정치제도와 문화, 행태는 국가과잉을 만드는 원천이다. 선거제도는 승자독식구조를 제도화한다. 소선거구제 단순대표제에서는 1표라도 더 얻은 1등만 당선된다. 나머지 후보가 얻은 표는 죽은 표가 된다. 일부 유권자의 의사는 과잉 대표되고, 다른 유권자의 의사는 무시되거나 과소 대표된다. 기득권의 의사가 과도하게 반영될 위험이 커진다. 60% 투표율에, 50% 득표를 얻어 당선됐다면 유권자의 30% 지지를 받았을 뿐이다. 그런데도 승자와 패자의 명암은 극명하게 엇갈린다. 승자는 임기 내 성과와 정권 유지를 위해 국가기능과 권한, 재정지출을 확대한다. 이기면 다 얻고 지면 다 잃는 게임이기 때문에 타협 없이 치열하게 싸운다. 정치적 양극화가 심해질 수밖에 없다.

청와대는 대통령을 보좌하는 참모조직일 뿐인데도 정책의 수립과 발표를 직·간접적으로 관장하는 추세가 심해지고 있다. 장관이 발표한 것을 뒤집는 경우도 있다. 승자독식 정치구조에서는 정권을 잡은 세력이 5년 임기 내에 성과를 내기 위해 청와대 중심으로 국정운영을 하게 된다. 행정부는 창의적이고 주도적으로 움직이기보다는 청와대와 코드를 맞추며 눈치 보기에 급급하다.

결국 행정부의 정책개발 능력은 퇴화되고 왜곡된 인센티브가 만들어진다. 청와대를 풍향계로 생각하기 때문에 공무원의 소신, 전문성, 일하는 방식에까지 영향을 미친다. 정부 내 권위주의와 수직적 계층구조도 국가과잉을 낳는 원인이 된다. 일반 공무원의 계급도 9급부터 고위공무원단에 이르기까지 너무 많고 의사결정 과정도 길다. 국가과잉 현상이 심해질수록 국가와 정치, 공공부문에 몸담은 사람들의 경쟁력과 전문성은 떨어진다. 공공부문이라는 초과이윤의 성(城) 안에 제대로 된 경쟁구조가 없기 때문이다.

권력기관의 막강한 권한 행사도 국가과잉의 원인이다. 문제가 생기면 정치권, 시민단체, 이해관계자 모두 검찰이나 경찰에 고소, 고발부터 한다. 말 그대로 '사법(司法)공화국'이다. 때로는 정책 이슈도 법적 판단의 대상이 된다. 정치권에서 제대로 역할을 하지 못하면서 국회나 정당 간에 해결되지 못한 문제들에 검찰과 사법부가 개입하는 현상이 심해진다.

법률시장은 점점 커지고, 정치권에서는 권력기관 출신들이 과잉대표된다. 국회의원 중에는 유독 법조인 출신의 비중이 높다. 21대 국회의 경우 46명, 20대의 경우 49명으로 직업군 중 가장 높은 비율을 차지한다. 우리는 동시에 '입법(立法)공화국'이기도 하다. 의원입법의 경우 규제심사와 공청회를 생략하는 이점이 있어 날로 늘어가는 추세다. 여기에 더해 정부의 '청부입법'도 많다. 20대 국회의 경우 의원입법 발의 건수는 2만 1,594건으로 19대보다 40% 증가했다. 규제가 늘어나는 원인이 될 수밖에 없다.

기업에서도 비슷한 현상이 나온다. 대기업 사외이사의 40% 정도가 관료 출신이다. 그중 검찰과 법원 출신이 절반이 넘는다. 그런데도 기업에서 횡령, 배임등의 사건사고가 끊이지 않는 것은 아이러니다.

경제질서에 대한 형법의 개입도 과도한 편이다. 기업인에 대한 횡령·배임죄 적용이 한 예다. 배임죄 적용은 검찰의 기업 표적수사에 활용되는 대표적 기법으로 꼽힌다. 특히 횡령·배임 액수가 50억 원을 넘을 경우 특정경제범죄가중처벌 등에 관한 법률이 적용돼 무기 또는 5년 이상의 징역을 선고하게 되어 있다. 대규모 투자를 결정하는 대기업 경영진의 경우 이 기준을 넘기는 경우가 많다. 배임죄를 형법으로 다스리는 나라는 많지 않고 범죄의 구성요건도 엄격한 것이 일반적이지만, 우리는 모호한 기준이 고무줄처럼 적용될 가능성이 크다.

공교육 질식시키기

교육현장에서의 국가규제와 관료주의는 거의 절망적인 수준이다. 초중고 교육은 교육 관련 법령, 국가교육과정, 예산에 의해 촘촘하게 통제된다. 교장, 교감, 교사, 장학사, 교육감 등 교육자의 자격 요건은 법령에 정해져 있다. 특정 분야의 어떤 전문가도 교사 자격증이 없으면 교사가 될 수 없다. 아무리 학교 경영능력이 빼어나도 자격증이 없으면 교장이 될 수 없다.

교사들은 거대한 교육 관료체제의 하부조직처럼 움직인다. 교육청이 학교 위에 군림하고 학교의 조직체계는 아예 행정업무를 기본으로 하고 있다. 교과서는 정부의 검정 또는 인정도서로만 해야 하고, 수업은 교과

서를 중심으로 가르쳐야 한다. 학생들의 다름, 다양성에서 오는 가능성과 잠재력은 무시된다.

대학교육도 입시제도, 국가가 할당하는 예산, 각종 규제에 의해 통제된다. 사립대학 등록금도 국가가 실질적으로 통제한다. 여기에 더해 서울, 수도권, 비수도권이라는 지리적 위치가 대학교육의 품질경쟁을 무력하게 만든다. 교수, 교사, 교원단체, 교육관료는 교육의 자주성·전문성·정치적 중립성을 이유로 교육 밖 세상에서 교육에 관여하는 것을 막는다. 스스로의 기득권을 쌓으며 자기들만의 세상을 만든다. 시장에 있는 교육 소비자가 교육과정이나 교육 거버넌스에 참여할 수 있는 길이 거의 없다 보니 교육과 사회의 간극은 더 벌어진다.

06

격차과잉

우리 사회의 지속가능성을 가장 크게 위협하는 것은 양극화, 즉 '격차과잉'이다. 국민 10명 중 9명이 우리 사회의 격차문제가 심각하다고 답변한다. 소득, 자산, 계층, 일자리, 교육 모든 면에서 격차가 커지면서 양극화가 심해진다. 기회는 공평하게 주어지지 않는다. 출신이나 배경에 따라 제각기 다른 출발선에 서게 되고 기득권 카르텔 구조는 갈수록 공고해진다. 부와 사회적 지위는 대물림되고 계층이동은 점점 어려워진다.

이와 같은 우리 사회의 격차과잉은 공정성과 연결되면서 악성(惡性)이 된다. 무한경쟁과 승자독식구조에서 불공정과 편법이 나오기 때문이다. 게임의 규칙에 공정성이 확보되지 못하니 결과에 대한 승복이 나오지 않는다.

격차과잉은 민주주의의 위기까지 초래한다. 냉전시대 민주주의의 붕괴는 대부분 쿠데타에 의한 것이었지만, 최근에는 극단주의 선동가가 양극화의 심화로 야기된 대중의 불만을 이용해 지도자로 선출된 뒤 민주주의를 해치는 사례들이 많이 나오고 있다.[08]

초과이윤 추구사회

가장 가치 파괴적인 격차는 초과이윤에서 비롯되는 격차다. 기여나 노력, 의무나 부담에 비해 과도한 보상이나 이익이 가는 경우다. 가치창조보다는 가치쟁취에 가깝다. 인·허가, 규제, 지원, 예산권 등 권력이나 정보, 전문지식, 단결투쟁력, 전관예우 등 힘 있는 존재들이 합법적·제도적·구조적으로 수탈하는 경로다. 대체로 공공부문, 규제나 면허사업, 독과점 기업에 큰 보상이 간다. 시장에서도 노동에 대한 가격과 대가는 생산성보다는 기업의 지불능력과 노조의 교섭력에 의해 결정된다. 공정성의 문제가 나올 수밖에 없다.

초과이윤이 발생하면 공급이 늘면서 보상이 줄어야 하는데 실제로는 그렇게 되지 않는다. 기득권 카르텔을 형성하며 진입장벽을 만들기 때문이다. 자기들만의 리그를 만들고 끼리끼리의 성을 쌓는다. 순혈주의를 조장하는 제도와 관행, 이익의 그물망(網)이 너무 촘촘하다. 한 번의 시험, 자격증 획득으로 특정 직종에 들어온 것 하나로 평생을 우려먹고 사는 '철밥통'도 많다.

문제는 정부, 공공부문, 정치권이 불공정한 격차과잉을 만드는 주범이라는 것이다. 제도나 정보 비대칭성을 통해 독과점을 만들고 아무리 불량한 서비스를 제공해도, 시민들은 이를 응징하거나 거부할 방법이 없다. 더 나아가 이런 불공정 해소를 위해 국가권력이 관여하면 개입영역과 수단이 더욱 확대되는 악순환이 생긴다. 정부와 공공기관의 손에 규제권한을 더 얹어주는 결과가 되고 만다. 변화, 혁신, 도전을 하려는 사람들에게는 최악의 시스템이 되고 만다.

중산층 붕괴, '아령공화국'

아령을 떠올려 보자. 양쪽 끝에 무게가 쏠리고 가운데가 가늘다. 현재 우리 모습이 이렇다. 성장의 과실은 상위층에 집중되고 빈곤층으로 전락한 국민의 숫자는 점점 늘어간다. '아령공화국'이 되어가고 있다. 소득격차는 1997년 외환위기 이후 극명해진다. 〈세계불평등보고서〉에 의하면 외환위기 이전인 1995년 소득상위 10%가 전체 소득에서 차지하는 비중은 29.2%였으나, 외환위기 이후 2000년 35.8%, 2008년 43.4%, 2012년 44.9%, 2016년 43.3%까지 올라간다. 소득 최상위 20%는 최하위 20%보다 2014년 5.9배, 2016년 6.1배, 2018년 7.5배, 2019년 7.1배의 소득을 올린다.

심해지는 격차는 중산층 붕괴로 연결된다. 중위소득 50~150% 비율이 2015년 68.6%에서 매년 66.3%, 65.1%, 61.4%로 계속 하락하고 있다. 소비의 중심이자 투자의 유발자로 경제를 받쳐주는 층이 약해지는 것이다.

부동산 자산격차는 소득격차보다 극명하다. 우리나라는 국민순자산 중 부동산이 차지하는 비중이 88%에 달하는 등 가계자산의 대부분이 부동산에 편중되어 있다. 인구 1% 미만에 해당하는 상위 50만 명이 전체 토지의 50% 이상을 소유하고 있고, 특히 상위 10%가 전체 가액의 90%를 갖고 있다. 이렇게 편중된 상황에서 부동산은 가격 상승폭이 다른 어떤 재화보다 높다.[09] 1960년대 중반부터 2010년대 중반까지 쌀값은 50배, 휘발유는 77배 오르는데 땅값은 3,000배 뛴다.[10] 소득격차를 어느 정도 완화한다 하더라도 자산격차 때문에 양극화 해소에는 한계가 있게 마련이다.

대물림의 악순환, 교육기회 격차

그런데 여기에 한층 더 불을 붙이는 것이 교육격차다. 교육이 부와 사회적 지위의 대물림 수단이 되고 만 것이다. 교육격차는 계층이동을 막는 주요 원인이다. 한국장학재단 자료에 의하면 2020년 1학기 기준으로, 소위 SKY대 학생 중 소득상위 20% 학생비율은 55.1%나 된다. 다른 대학 평균인 25.6%의 2배가 넘는다. 최상위 10% 소득의 학생비율은 SKY대의 경우 37.9%로 다른 대학(12.2%)의 3배 이상이다. SKY대에서도 의대로 가면 문제가 더욱 심각해진다. 2020년 신입생의 74.1%가 소득상위 20% 학생이다. 전문직이나 관리직에서 교육을 통한 직업의 대물림 현상이 두드러지면서 새로운 계급사회를 만드는 주범이 되고 있는 것도 문제다.

교육기회의 격차는 수많은 사회문제를 파생시킨다. 당장은 교육현장에서 정상적인 교육을 어렵게 만든다. 우리처럼 국가 수준에서 표준화된 교육과정을 갖고 있는 시스템에서는 학습능력 차이로 인한 교실현장의 문제가 심각하다. 학습능력이 떨어지는 학생들에 대해 기대를 너무 일찍 거두는 것도 문제다. 공부의 문리가 늦게 트이는 학생도 있고 학력이나 학벌만이 학생들의 장래를 결정하는 것도 아니기 때문이다. 교육기회의 격차는 일자리, 직업, 소득, 결혼, 출산, 양육, 여가, 문화 등 개인의 라이프 사이클 모든 면에 영향을 미친다. 자신의 의지와 상관없이 주어지는 조건들이 청년들에게 열려야 하는 기회의 창을 봉쇄한다.

노동시장 이중구조화

노동시장은 공공부문·대기업·정규직 중심의 1차 노동시장과 중소기업·비정규직 중심의 2차 노동시장으로 나뉜다. 1차 노동시장에는 대략 전체 임금근로자의 25%인 500만 명이, 2차 노동시장에는 그보다 3배 많은 1,500만 명이 있다. 임금과 계급은 소속 직장의 지불능력에 따라 결정되고, 지위와 역할은 연공에 따라 결정된다. 수출 대기업은 우월적 지위에서 중소기업과 원·하청 관계를 맺고, 외주 중소기업은 비용절감을 위해 비정규직을 고용하면서 근로조건의 차이는 더 벌어진다. 실제로 근로자 500명 이상 대기업 임금을 100으로 할 때 20~99명 기업의 임금은 48.9, 10~19명 기업의 임금은 41.3에 불과하다. 남녀 노동자 임금 격차는 36.7%로 OECD 회원국 중 최고 수준이다. 2위인 일본보다 10% 포인트 이상 높다.[11] 임시직의 정규직 전환 비율은 11%로 OECD 평균인 36%의 3분의 1에도 못 미친다. 한번 들어가면 빠져나오기 힘든 비정규직의 함정이 생기는 것이다.

노동시장에서 수요와 공급의 균형이 깨졌을 때 조정이 이루어지지 않는다면 기업의 고용 리스크가 커진다. 조정이 어려운 것은 주로 노동시장의 경직성, 임금왜곡, 강성 노동조합 때문이다. 노동유연성이 큰 선진국은 대기업의 고용비율이 높은 편이다. 호황기나 잘 나갈 때 외주·하청을 할 이유가 없고 채용을 겁내지 않는다.

우리의 경우 실업보험 등 사회안전망이 미비하기 때문에 해고는 노동자를 낭떠러지에서 밀어 떨어뜨리는 일이다. 노동자와 노조는 해고를 극렬하게 반대하고 극한투쟁에 들어간다. 정규직 해고에 대한 규제가 유난히 엄격한 구조를 갖게 된 이유다. 경제적 이유로 해고하려면 가능한 모든 수단을 썼음에도 불구하고 해고가 불가피하다는 증명을 기업이 해야 한다. 긴급한 경영상 이유도 기업이 증명해야 하는데 그 기준이 극히 모호하다. 부당해고 판정으로 복직하는 비율도 OECD 국가들에 비해 높은 편이다. 이런 노동시장의 경직성은 기업의 고용의지를 꺾는다. 고용 리스크와 해고비용을 회피하려 비정규직을 선호하는 악순환이 생긴다.

구멍 뚫린 사회안전망

지난 20년 동안 복지지출은 꾸준히 늘어났지만 사회안전망은 촘촘하지 못하고 복지구조는 여전히 후진적이다. 우선 사회보험에서 거대한 사각지대가 좀체 줄어들지 않고 있다. 국민연금과 고용보험의 경우 임금 근로자 2,000만 명 중 3분의 1 정도가 사각지대에 놓여 있다. 주 15시간 미만 근로자라는 이유로 제외되고, 자영업자는 임의가입 형태라서 많이 빠진다. 새로운 고용형태인 특수고용직이나 플랫폼 노동자의 법적 성격도 정리가 안 되어 있는 현실이다. 사회보험의 보장범위도 넓지 않고 국민연금 소득대체율도 낮다. 고용보험도 실업급여 수준과 지급기간이 충분하지 않고 취업알선, 구직훈련 기능을 제대로 담당하지 못하고 있다. 고용보험 미가입자가 실직을 할 경우 최소한의 생계를 유지할 수 있도록 하는 실업부조제도도 정립되지 않았다. 노동자들이 기업의 구조조정에 극렬하게 저항하는 원인들이다.

복지전달체계도 문제다. 복지혜택을 포함한 국고보조금은 수혜자에게 도달하기까지 대체로 3~5단계의 중간과정을 거친다. 다층화된 보조금 전달체계는 여러 문제를 야기한다. 취약계층의 사회보장 접근을 가로막는 제도, 의식, 행태 등 장벽도 높은 편이다. 예를 들어 기초생활보장 대상자는 신분확인 서류, 본인뿐 아니라 부양의무자의 금융정보 등 제공 동의서를 주민센터에 제출하여야 하고 시군구 통합조사팀의 소득·재산조사와 방문조사를 받아야 한다.

이 과정에서 지나치게 많은 서류와 증빙을 요구받거나 무능력자 취급·냉대 등 불쾌한 경험을 하는 경우가 적지 않다. 학력이 높지 않거나 나이가 많으신 분들의 경우 필요한 서류 준비에 어려움을 겪다 신청을 포기하는 사례도 있다. 복지전달체계 전반을 다시 들여다봐야 하는 이유다.

07

불신과잉

누구나 인센티브, 즉 보상에 반응한다. 그것이 돈일 수도, 명예일 수도, 자기만족일 수도 있다. 사회보상체계는 우리 사회에서 누가, 무엇을 더 가져가고 덜 가져갈 것인지를 결정하는 인센티브 시스템이다. 그런데 기여에 대한 보상이 너무 큰 부문이 나오고, 책임이 뒤따르지 않는 권한의 행사도 자주 발생한다. 잘못된 사회보상체계는 사람들의 행태와 돈의 흐름을 왜곡시킨다. 책임이 뒤따르지 않는 권한의 행사를 발생시킬 뿐 아니라, 과도한 초과이윤 추구행위가 나오게 된다. 사회 전체적으로 불신이 팽배해질 것은 불 보듯 뻔한 일이다.

우리는 지금 '불신과잉' 사회에 살고 있다. 국민 10명 중 8명 이상이 우리 사회의 갈등수준을 우려할 정도다. 2018년 한국보건사회연구원 연구에서는 80.3%가, 2019년 한국리서치와 한국사회갈등해소센터의 조사에서는 90%가 '우리 사회의 집단 간 갈등이 심각하다'고 답했다. 거의 모든 국민이 느낀다고 해도 과언이 아니다. IMD 국가경쟁력지수에서 사회적 결속지수는 2019년 평가 대상 63개국 중 54위다. 한국의 사회신뢰도는 30% 미만 수준이다. 60%가 넘은 스웨덴은 고사하고 심지어 베트남, 태국보다도 낮다. 1980년대 권위주의 시절보다 지금의 사회신뢰도가 낮다는 것은 믿기 어려운 아이러니다.[12] 사회갈등은 사회 기반을 무너뜨릴 만큼 위험한 수위까지 올라갔고 공감의 생산성은 계속 낮아지고 있다.

저신뢰 사회

우리는 다른 사회구성원을 얼마나 믿을까. 긍정적인 답을 한 한국인은 28.4%에 불과했다. 70%대를 기록한 스웨덴, 덴마크 등은 물론 인도, 인도네시아, 파키스탄보다 낮은 수준이다.[13] 투명성과 청렴도에 대한 인식도 비슷하다. 한국보건사회연구원 2019년 조사에서 '한국에서 높은 지위에 오르려면 부패할 수밖에 없다'에 동의하는 비율은 66.2%에 달했다. 삼성경제연구소가 조사한 한국의 신뢰지수는 10점 만점에 5.21점으로 OECD 29개국 가운데 24위이며, 사회적 자본 수준은 22위로 모두 최하위권이다.

게다가 '공적 신뢰'가 아닌 혈연, 지연, 학연과 같은 개인적 연고에 의존하는 우리 사회의 특징은 불신을 더 부추긴다. 그 결과 폐쇄적 배타주의, 끼리끼리 문화, 패거리 문화, 연고주의가 더 기승을 부리게 되고, 이는 더욱더 공적·사회적 신뢰를 떨어뜨리고 갈등을 만들어낸다. 지대추구 행위와 기득권 카르텔은 실력과 노력, 기여의 가치에 대한 믿음을 배반한다. 자유롭고 공정한 시장에서 검증된 생산성에 기반을 둔 보상이 이루어지지 않고, 오히려 규제, 독과점, 우월적 지위, 갑질이 더 큰 보상을 준다.

아무리 노력해도 다른 변수가 보상을 결정하는 데 더 크게 작용한다면 건전한 직업윤리와 근로의욕은 퇴행하기 마련이다. 자유와 재산권에 대한 존중이 사라지고 부(富)는 반칙과 특권의 부산물이 되어버린다. 심지어는 정당하게 번 돈까지 비난하고 증오한다.

불신의 원천, 정치

우리 사회에서 불신과잉을 만드는 가장 큰 원천은 정치다. 내 편 네 편 가르는 이념편향, 진영논리 싸움 속에 상대에 대한 공감이나 신뢰는 생길 여지가 없다. 상대는 대화, 타협이 아니라 청산, 척결의 대상이다. 20% 내외의 편향된 열성 지지층에 호소하는 논리만 팽배하고 과장과 허위가 넘쳐난다. 무슨 문제든 꺼내놓기만 하면 진영논리의 제물이 되고 문제해결을 위한 논의는 없다. 이기고 지는 싸움만 있을 뿐이다. 필요하면 프레임을 만들어 편 가르기를 한다. 국민은 정치의 문제해결 능력에 대한 기대를 버리고 있다. 2019년 '사회통합실태조사'에서 우리 국민은 정부기관 중 국회를 가장 불신하는 것으로 나타났다. 1~4점 척도의 조사에서 의료기관 2.6, 교육과 금융기관 2.5, 시민단체 2.4, 법원 2.2, 검찰 2.1, 중앙정부부처 2.3인데, 국회에 대한 신뢰도는 1.9로 조사대상 기관 중 최하위를 기록했다.[14]

지위에 걸맞은 능력과 책임감을 갖추지 못한 사람들이 중요한 자리를 뻔뻔하게 꿰차고 있다. 이끌지도 못하면서 떠나지도 않는다. 봉사가 아닌 직업으로 정치를 하는 사람들로 넘쳐난다. 정치가 냉소와 혐오의 대상이 되면서 반(反)정치 현상까지 나타난다. 아무리 문제가 있어도 정치는 개인의 삶과 사회의 작동에 영향을 미치는 현실적 지배력을 갖고 있다. 국민이 눈 부릅뜨고 정치과정에 참여해야 하는 이유다. "정치를 외면한 가장 큰 대가는 저질스러운 자들에게 지배당하는 것"이기 때문이다.[15]

'정치과잉' 문제도 심각하다. 어느 방송을 틀든 정치 전문가들이 분석과 예측을 내놓으며 '정치 과목 동영상 강의'를 제공한다. 시청자들은 누구나 정치에 관해서라면 한마디 할 줄 아는 반(半)전문가가 된다. 정치라는 주제에 몰두하는 반만큼이라도 문화나 학문, 혁신, 과학, 예술 등 다양한 분야에 관심을 가지면 한 차원 높은 지력(知力)과 문화를 가진 나라가 될 것이다.

권한과 책임의 불균형, 언론

불신과잉 현상이 만들어진 데에는 언론의 책임도 크다. 언론에 대한 국민의 신뢰도는 바닥 수준이다. 로이터 저널리즘 연구소가 발표한 한국의 언론보도 신뢰도는 2017년, 2018년 모두 세계 37개국 중 37위로 최하위다. 퓨 리서치 센터의 2018년 조사결과도 비슷하다. 38개국 국민들 중 52%가 자국 언론보도는 '공정하다'고 응답했고, 62%가 '정확하다'고 응답했다. 우리는 반대다. '공정하지 않다'는 응답이 72%로 '공정하다'는 응답(26%)의 3배 수준이다. 보도가 '정확하지 않다'는 응답(62%)은 '정확하다'는 응답(35%)보다 2배 가까이 높다. 언론보도의 공정성과 정확성에 대한 인식은 38개국 중 37위다.

언론에 대한 비판의 소리가 거셀 수밖에 없는 이유다. 받아쓰기 저널리즘, 폐쇄적이고 배타적인 기자실·기자단 문화, 사실 확인도 안 된 보도로 정확성보다 속보성에 치중하는 과열경쟁, 수직적이고 폐쇄적인 조직문화, 진영 편향 보도, 언론 자유를 '독점적이고 배타적인 특권'으로 인식하는 태도 등이 문제로 제기되고 있다.

수익구조가 구독료나 청취료보다 광고 수익에 더 의존하고 있는 미디어 시장의 상업주의도 심각하다. 대형 광고주의 영향을 받지 않을 수 없다. 편집권이 경영권에 종속되어 있는 경우 정치적 목적을 추구하거나 이윤을 극대화하려는 경영진의 입김에 휘둘리기 쉬워진다.

언론의 사회적 책임 문제도 꼭 짚어야 할 이슈다. 공적 권력은 국민의 여론과 선거 등으로 견제를 받지만, 언론은 엄청난 영향력에도 불구하고 '언론의 자유'란 명분으로 견제받지 않고 합당한 책임도 지지 않는다. 선출되지 않은 권력이 견제까지 받지 않으니 자정능력을 갖출 리 만무하다. 특정인을 억울하게 사회적으로 매장시킨 기사가 오보로 판명돼도 피해회복 조치에는 좀처럼 적극적이지 않다. 권력과 책임의 균형이 민주주의 원리임에도 불구하고, 합당한 책임을 지지 않는 언론이 어떤 권력보다 막강한 것은 이 시대의 아이러니다.

사회지도층의 무도덕성 · 무희생성[16]
———

지금까지 열거한 사회구조적인 문제에 기성세대는 모두 책임이 있는 공범이다. 그중에서도 지도층의 책임이 가장 크다. 현재의 사회보상체계와 정치·경제 시스템, 의식구조를 만들고 공고화시킨 주역이기 때문이다. 공(功)도 있지만 과(過)도 크다. 과거의 성공경험, 게임의 규칙과 방식에서 벗어나지 못했다. 크고 작은 기득권을 유지하려고 발버둥쳤고, 정도의 차이가 있을 뿐 을의 위치에 있는 사람에게 갑질도 했다. 갑을 욕하면서 때때로 자기도 모르게 갑이 됐다. 아이들에게 희망고문을 했고 입시지옥으로 밀어넣었다. 지도자들의 빈약한 비전과 무능을 제대로 평가하거나 감시하지 못했다. 결과적으로 우리 지도층에게는 도덕성과 희생정신이 없고 사회적 화해의 전조(前兆)인 공감의 생산력이 부족하다.[17] 우리 사회에 공감능력과 리더십이 실종될 수밖에 없는 이유다.

새로 뽑힌 지도자마다 늘 새 아젠다를 던진다. 과거에 대한 존중은 아예 없고 지금의 잣대로 모든 것을 재단한다. 과거를 부정하고 제거해야 지금의 내가 돋보이고 새 시대가 열린다고 생각하는 모양이다. 5년마다 반복되는 일이다. 결국 문제의 유형만 바뀔 뿐이지 본질은 그대로 남는다. 문제가 생기면 난리를 치고 누구에겐가 책임을 지운다. 시스템 개혁 같은 근본적인 변화는 늘 뒷전이다. 조금 지나면 언제 그랬냐는 식으로 잊는다. 그러니 대통령이나 정권이 바뀐다고 달라지지 않는다.

08

분열된 집

부총리 재임 초기, 경제장관회의를 주재할 때의 일이다. 한참 특정 주제에 대한 논의를 하고 있는데 한 정치인 출신 장관이 갑자기 "그건 '우리 지지층'이 반대하는 내용이어서 곤란하다."고 말했다.

논의를 잠깐 중단시켰다. "장관은 특정 그룹이 아닌 국민 전체를 보고 일을 해야 한다. 다시는 회의에서 그런 표현을 쓰지 말라."는 경고를 한 뒤 회의를 이어나갔다.

분열과 갈등의 실체

'우리 지지자', '상대편'. 대한민국이 둘로 쪼개지고 있다. 마치 운동회에서 청군과 백군으로 나뉘어 경기하듯 말이다. 하지만 건전한 경쟁 뒤 화합이 따르는 운동경기와는 전혀 딴판이다. 정치, 경제, 사회, 교육 모든 장에서 극도로 적대적인 투쟁이 벌어진다. 정치적 양극화는 점점 심해진다. 경제에서는 시장과 정부의 역할을 놓고 싸운다. 양극화와 경제적 불평등 문제를 보는 시각 또한 큰 차이가 난다. 이렇게 내집단(ingroup)과 외집단(outgroup)으로 나뉘면 폐쇄적 유대감, 집단 정체성이 강해지면서 강한 충성심이 유발되고 개성과 자아성찰은 무시된다.[18] 내 편은 선, 상대편은 무조건 악이 된다. 의견을 모으거나 타협할 여지는 거의 없다.

도대체 우리가 서로 쪼개져 싸우는 분열과 갈등의 실체는 무엇일까? 흔히들 진보와 보수의 대립이라고 한다. 대한민국 정치에서 거대 두 정당의 이름이 어떻게 바뀌었든, 정당 간 이합집산이 어떻게 됐든 보수와 진보 간에 이념과 철학, 지향점과 정책을 놓고 수십 년간 싸워온 건 사실이다. 그 싸움의 골이 깊어질 대로 깊어져 이젠 한 치의 타협도 허용하지 않은 채 극한의 대립과 투쟁으로 치닫고 있다. 그러나 과연 우리는 제대로 된 이유와 내용을 놓고 싸우는 것일까?

그렇지 않다는 여러 비판이 있다. 첫째, 우리 정치는 보수와 진보가 아닌 '수구-보수의 과두지배'라는 비판이다. 수구와 보수가 손을 잡고 권력을 분점해온 구도이며 정권교체는 분점비율의 변동을 의미한다.[19] 정당 간 이념적 차이를 보이는 것은 대북정책 정도일 뿐 사회·경제정책에서 근본적 차이가 없다.

둘째, 보수의 경우 자신들이 주장하는 '자유민주주의'와 보수의 핵심가치인 '자유주의'를 혼동하고 있다는 비판을 받는다. '시민'의 개념 위에서 '자유'를 내세운 서구와 달리, 우리는 공산주의로부터 국가를 지켜내는 것을 '자유주의'로 개념화한다. 권위적 국가운영 과정에서 오히려 자유를 억누른다.[20] 반면 진보는 개발독재에 저항하고 민주화의 흐름 속에서 정체성을 지켜왔지만, 민주화 이후에는 사회의 비전과 방향을 제시할 실력과 상상력을 갖추지 못했다는 비판을 받는다. 진보의 핵심가치인 공정과 평등은 모호하게 정리되면서 구체적 실천에서는 현실과 유리된다.

셋째, '이중개념주의'다. 사람들은 겹치지 않은 삶의 영역에서 흔히 두 개의 세계관을 갖는다. 어떤 쟁점에 대해서는 진보적이지만 다른 쟁점에 대해서는 보수적이다. 그 반대의 경우도 성립한다.[21] 예를 들어 노무현 대통령은 진보진영으로부터 배신자라는 비난을 받으면서도 한미자유무역협정(FTA)를 지지하고 이라크 파병을 결정했다. 또한 보수정권이 복지 예산을 대폭 늘리기도 한다. 현실에서는 진보의 가치를 보수적인 수단으로 추구하는 권위적 진보주의도, 그 반대의 경우도 가능하다.

이처럼 보수와 진보 간 이념과 지향점에 상대적 차이가 있을 뿐이다. 우리의 분열과 갈등은 하나의 나라로 존속하기 위해 치열하게 투쟁할 정도의 실체를 갖고 있지 못한 것이다. 그렇다면 우리 정치세력들의 가장 큰 목표는 자신과 자신을 지지하는 그룹의 이익 혹은 기득권을 유지하고 확장하기 위한 것이라고 볼 수밖에 없다. 분열과 갈등의 실체는 '권력투쟁'인 것이다. 이 또한 이기면 대부분을 얻고, 지면 대부분을 잃는 승자독식구조 아래서의 치열한 무한경쟁일 뿐이다. 국민의 눈으로 보면 이들 정치집단은 그냥 거대한 기득권 조직에 다름 아니다. 높은 진입장벽을 스스로 쳐놓고 그 안에서 국민을 볼모로 극한 투쟁을 벌이는, 자기 개혁능력을 상실한 뻔뻔한 집단 말이다.

'분열된 집'은 제대로 설 수 없다

과연 우리 진보와 보수는 무엇이, 어떻게 다른가? 각자 어떤 이념과 철학, 국가비전을 제시하고 있을까? 각자 뚜렷한 비전과 콘텐츠가 없다면 생산적인 토론이나 사회적 타협은 원천적으로 불가능할 것이다. 우선 보수와 진보의 논쟁이 벌어지는 주전장(主戰場)은 '시장'과 '정부의 역할'이다. 보수는 시장에 더 많은 자유가 주어져야 하고 정부는 가급적 간섭해서는 안 된다는 입장이다. 자기책임, 경제적 자유, 성장, 효율성을 강조한다. 진보는 경제적 평등, 분배, 민주성, 사회연대를 강조한다. 경쟁의 과정과 시장의 결과에서 나오는 문제를 바로잡기 위한 정부의 적극적인 역할을 주장한다.

첫 논쟁의 장은 '시장'이다. 두 진영 다 시장을 강조한다. 보수뿐 아니라 진보 역시 시장을 중시한다. 자주 하는 오해 중 하나가 진보가 시장을 무시한다는 것인데, 제대로 된 진보라면 시장을 무시하지 않는다. 꽤 많은 보수 정치인, 심지어는 일부 언론도 그렇게 오해하거나 오도한다. 일부러 그런 프레임을 씌우기도 한다.

문제의 핵심은 '어떤 시장이냐'다. 진보와 보수의 토론은 여기서 깊이 있게 들어가지 못한다. 시장경제는 기본적으로 '시장원리'를 존중하되 '시장만능주의'에 빠져서는 안 된다. 그러나 일부 진보는 시장만능주의를 비판하면서 시장원리까지 무시한다. 반대로 일부 보수는 시장원리를 존중한다고 하면서 시장만능주의를 추구한다. 서로가 내세울 분명한 가치와 철학, 비전이 빈약하기 때문에 사회적 의제화가 되지 못하고 흑백논리와 투쟁이 나올 수밖에 없다.

두 번째 논쟁의 장은 '정부의 역할'이다. 시장은 완전하지도, 도덕적이지도 않다. 정부의 역할은 다음 두 가지 문제에 대처하는 것이다. 첫째는 시장에서의 불공정 문제다. 경쟁의 격화로 경제주체들의 이기주의가 극단으로 흐르면서 공정한 경쟁이 이루어지지 않는 부문이 생긴다. 시장은 무한경쟁, 약육강식의 장이 되고 지대추구 행태가 만연해진다. 둘째는 시장의 결과에서 나오는 경제적 불균형의 문제다. 시장은 힘이 크지만 도덕성까지 갖추고 있지는 않다. 필연적으로 격차가 만들어진다. 격차과잉이 심각해지면 사회의 지속가능성을 위협하는 수준에 이른다.[22] 이 두 측면에서 정부의 역할이 중요하다. 공정한 시장을 만드는 심판자의 역할, 불균형 문제를 해소하는 조정자의 역할이다.

그렇다면 논쟁의 핵심인 정부의 역할에 대한 깊이 있고 생산적인 토론이 필요할 것이다. 그런데 현실은 어떤가. '국가 대 시장'이라는 이분법적인 구도에서 여전히 벗어나지 못한다.

"분열된 집은 제대로 설 수 없다."

링컨이 남부와 북부로 쪼개진 미국을 표현한 유명한 연설의 한 구절이다.[23] 오늘 우리의 모습이다. 편을 가르고 자신들에게 유리한 프레임을 만들어 싸운다. 시장과 반(反)시장, 큰 정부와 작은 정부, 민주와 반(反)민주, 적폐와 신(新)적폐, 정의와 불의, 보편적 복지와 퍼주기, 반공과 종북, 친일과 반일과 같은 흑백논리로 소모적인 논쟁을 벌인다.

게다가 자가당착의 모순도 벌어진다. 보수는 작은 정부를, 진보는 큰 정부를 주장하는 것 같지만 선거철이 되면 복지의 확대와 재정의 역할을 다 같이 주장한다. 두 번의 보수정권도 복지확대를 선거에서 내세웠고 진보정권도 지역개발 예산의 확보에는 보수와 비슷한 행태를 보인다.

"역사 속에서 이 시대는 어떤 시기였는가."[24]

더욱이 최근 들어서는 정부의 역할에 대한 보수와 진보의 경계가 모호해지고 있다. 정책의 큰 방향이 정부 역할의 확대, 복지지출의 증가와 복지국가 지향으로 수렴되고 있기 때문이다. 특히 4차 산업혁명과 코로나 팬데믹 현상은 큰 정부, 작은 정부 논쟁을 무색하게 만들었다. 결국 정부의 역할에 대한 논쟁은 다소의 정도 차이일 뿐이다. 고통과 억압에 대한 민감성이나[25] 우리 사회의 고단함, 억울함, 불안함 문제에 대한 민감성[26]의 차이 같은 것이다.

현대 국가의 역할은 이중적일 수밖에 없다. 어느 국가에서도 절대적으로 작은 정부가 옳다거나, 큰 정부가 옳다고 할 수 없다. 글로벌 경제체제에서 아무리 큰 정부라도 경제개입에 한계가 있을 수밖에 없고, 아무리 작은 정부라도 양극화 현상과 같은 사회구조적인 문제를 외면할 수 없다. 정부의 역할은 상호보완적으로 조화롭게 기능해야 한다. 물론 쉬운 일은 아니다. 현실에서 정합성을 찾는 노력이 필요하다. 서로 목숨 걸고 싸울 일이 아니다. 국가 역할에 대한 사회적·정치적 논쟁이 이념싸움이나 흑백논리로 전개되면 소모적인 정쟁이 될 뿐이다. 성숙한 정치문화와 사회 전반의 역량 제고가 필요한 이유다. 이런 점에서 노무현 대통령이 한 이야기는 자못 의미심장하다.

국가의 역할에 대한 시민의 의식이 결국 선택을 결정한다.[27]

문제는 여기서 그치지 않는다. '분열된 집' 앞에 이제까지 경험하지 못한 도전과제들이 놓여 있다. 4차 산업혁명, 디지털 혁명은 경제, 노동, 교육 등 우리 생활 모든 곳을 변화시킬 것이다. 국제정치·외교·경제 환경은 어느 방향으로 튈지 모를 정도로 급변하고 있다. 코로나19는 산업구조와 노동시장의 재편을 야기할 것이고, 이제까지와 차원이 다른 새로운 양극화 문제를 만들 것이다.[28] 나아가 핵전쟁, 기후변화, 지구자원의 고갈, 신종 전염병, 테러, 기술발전에 따른 인간의 실존적 위기 등 인류 존속을 위협할 미래의 도전과제에 대해서도 진지하게 고민할 때다.

지금 우리 앞에는 두 가지 선택지가 있다. 함께 문제를 찾고 해결할 것인가, 지금처럼 사사건건 싸우며 시간을 보낼 것인가. 우리가 안고 있는 문제의 본질을 해결하면서 새로운 과제에 대처할 것인가, 선동과 반목, 싸움을 계속할 것인가. 정치는 개혁가와 선동가가 서로 경쟁하는 장이 될 것이고,[29] 경제는 그 뒤를 따라갈 것이다.

두 갈림길에서 우리가 택할 길은 어느 쪽인가?

PART 3
우리는 어디로
가야 하는가?

2017년 세계 3대 신용평가사를 방문했다. 북한의 미사일 발사, 중국의 사드 보복 등 우리 경제의 대외 여건이 극도로 좋지 않을 때였다. 국가신용등급 유지를 위한 설득을 위해서였다. 수치 중심의 브리핑 대신 자유토론을 제안했다. 토론 말미에 대한민국 경제에 대한 강한 확신을 이야기했다. 미리 준비해간 내용은 아니었다.

한국 경제가 언제 어렵지 않은 적은 있었느냐. 그 과정을 극복하고 다져온 결과가 지금의 한국 경제다. 지금 우리는 또 다른 과정에 있을 뿐이다. 반드시 어려움을 극복하고 다음 단계로 발전할 것이다.

국가신용등급은 떨어지지 않았다. 나중에 전해 듣기로는 마지막에 한 자신감에 찬 각오가 가장 인상적이었다고 했다. 무엇을 믿고 그런 자신감 있는 이야기를 했을까 생각하다 나중에 깨달았다. 그것은 우리 국민의 저력과 잠재력에 대한 믿음이었다. 그렇다! 위대한 국민의 힘에 대한 신뢰였다.

그러나 우리 국민의 잠재력과 역량, 저력이 제대로 발휘되지 못하고 있다. 정권이 바뀔 때마다 변화에 대한 기대는 높지만 늘 실망을 반복한다. 가장 큰 원인은 우리 사회의 '승자독식구조'에 있다. 이 구조의 가장 큰 폐해는 '더 많은 기회'와 '더 고른 기회'를 만들지 못하는 것이다. 그러면서 공정, 포용, 혁신, 통합의 가치를 해친다.

이제는 바꿔야 한다. 대한민국을 '기회공화국'으로 만들어야 한다. 경제구조, 사회 작동원리, 각종 제도와 의식의 변화가 필요하다. 우리 국민의 잠재력과 능력이라면 해낼 수 있다. 국민을 신바람 나게 한다면, 그래서 역동성과 창의성을 모은다면 우리는 한 단계 더 발전할 수 있다.

대한민국을 다시 기회의 나라, '기회복지국가'로 만들 수 있다.

09

킹 핀(king pin)

볼링을 해본 적이 있는가? 볼링에는 10개의 핀이 기러기 대열로 늘어서 있다. 초보자들은 대부분 맨 앞에 있는 1번 핀을 정면으로 겨냥하여 공을 던진다. 그러나 웬걸, 생각과 달리 앞의 핀들 몇 개만 쓰러질 뿐 뒤 양쪽 끝 핀들은 남게 되는 경우가 많다. 선수들은 다르다. 그들은 1번 핀과 그 뒤에 있는 3번 핀 뒤에 숨어 있는 5번 핀을 겨냥한다. 그래야 10개의 핀을 다 쓰러뜨릴 가능성이 높기 때문이다. 이 숨어 있는 5번 핀을 '킹핀(king pin)'이라고 한다. 급소나 문제의 핵심이란 뜻으로도 쓰이는 말이다.

국가과잉, 격차과잉, 불신과잉에 더해 이제는 아예 나라가 둘로 쪼개지고 있다. 안에서 싸움만 일삼다 보니 점점 더 밖을 내다보지 못하는 우물 안 개구리가 되어간다. 물론 그동안 정부들도 가만히 있지만은 않았다. 나름대로 노력을 한다고는 했다. 하지만 문제가 해결되기는커녕 오히려 꼬여만 갔다.

우리 사회의 문제들을 볼링의 핀이라고 가정해보자. 맨 앞에 보이는 문제만을 겨냥해 해결책을 던진다면 과연 원하는 결과를 기대할 수 있을까? 그 뒤에는 상상할 수도 없을 만큼 수많은 문제의 핀들이 웅크리고 있을 텐데 말이다. 그렇다면 가능한 한 많은 핀을 넘어뜨리는, 산적해 있는 수많은 문제를 해결할 수 있는 우리 사회의 킹 핀은 과연 무엇일까? 그리고 어떻게 하면 이 킹 핀을 쓰러뜨릴 수 있을까?

우리 사회의 킹 핀, 승자독식구조

내가 생각하는 우리 사회의 킹 핀은 '승자독식구조'다. 국가과잉, 격차과잉, 불신과잉의 핵심에는 모두 이 승자독식구조가 있다. 소수의 승자가 보상을 독차지하거나 대부분을 가져가면서 보상의 합리성이 사라지는 구조다. 이러한 구조는 시간이 흐를수록 눈덩이가 불어나듯 점점 더 승자들의 기득권과 진입장벽을 높인다.

우선 정치만 봐도 그렇다. 선거에서 1표라도 더 얻으면 당선되고 다른 후보가 얻은 표는 철저히 사표(死票)가 된다. 소선거구 단순대표제 국회의원 선거는 특히 그렇다. 승자와 패자의 명암이 극명하게 엇갈리고 권력은 독과점된다. 5년 단임의 제왕적 대통령제도 마찬가지다. 철저한 승자독식구조다. 견고한 양당구조도 승자독식구조를 고착시키는 원인 중 하나다.

비단 정치만의 문제일까. 경제, 사회, 교육 할 것 없이 전반에 걸쳐 나타난다. 시장경제에서 독과점이나 우월적 지위에서 승자는 합리적 수준을 훨씬 넘는 보상을 받는다. 소수의 승자와 다수의 패자 간 격차는 점점 벌어진다. 특히 보상의 차이는 엄청나서 소득격차, 자산격차는 더욱 벌어진다.[01] 수도권과 비수도권, 대기업과 중소기업, 정규직과 비정규직, 주택 소유자와 무주택자 등의 격차가 계속 커진다.

교육은 또 어떠한가. '1등 몰아주기'가 심해지고 있다. 중·고등학교 때부터 수능과 내신점수, 동아리, 생활기록부 등 소위 '스펙' 관리를 받은 학생들이 SKY를 포함한 서열 높은 학교에 진학한다. 이들 학교에 정부의 지원과 혜택도 과도하게 몰리면서 이 학생들의 경쟁력은 더욱 커진다. 나중에는 이들이 대기업, 공기업에 취업하거나 전문직으로 일하면서 소득도 더 많이 취한다. 스포츠, 영화, 가요, 방송, 광고, 예술, 출판, 법률, 의료 등 다른 부문도 비슷하다. 가수의 경우 소득 상위 1%가 전체 가수 소득에서 차지하는 비중은 2014년 48.1%에서 2018년 53.0%로 늘어났다.[02] 금메달리스트가 아닌 선수는 아무도 기억하지 못한다. '1등만 기억하는 더러운 세상'이라는 자조적인 개그 풍자까지 나온다.

이러한 승자독식구조는 필연적으로 국가과잉을 만든다. 승자는 임기 내에 성과를 내고 다음 선거에서 이기기 위해 권한의 중앙집중, 정부 권한의 확장, 재정지출의 확대를 추진한다. 권력과 행정, 사법이 경제와 사회, 국민의 삶 전반에 직·간접적으로 개입하는 정도가 심해진다. '국가 과잉'이 만들어지고 심화될 수밖에 없다. 이러한 현상은 보수정부든 진보정부든 별 차이가 없다. 게다가 견고한 양당구조는 경쟁적 공생관계와 기득권을 만들면서 새로운 혁신 정치세력의 등장을 막는다.

뿐만 아니라 격차과잉을 더욱 악화시키면서 '혁신'을 어렵게 한다. 혁신은 기존의 규제, 일자리, 산업, 일하는 방식을 창조적으로 파괴하는 것이다. 이제까지의 방법과 충돌하고 기존 산업과 부딪친다. 이런 혁신의 가장 큰 적은 승자독식구조에서 만드는 초과이윤과 기득권이다. 기득권의 성 안에는 공공부문, 규제나 면허사업, 독과점 기업이 있고 한 번의 시험 합격이나 자격증 취득으로 평생의 철밥통을 꿰찬 사람도 있다. 들어가는 문은 좁디좁아 성 밖에서는 안으로 들어가기 위한 피 튀기는 경쟁이 벌어진다. 패자는 늘 다수 대중이다. 특히, 우리 사회의 부유층·지도층 인사 대부분이 여야, 진보·보수를 막론하고 기득권층이다. 자신이 스스로 노력했든, 운이 좋았든 현재의 제도와 게임의 규칙 속에서 나름대로 큰 성공과 이익을 본 사람들이다. 제도와 구조를 굳이 바꿀 필요도, 의지도 부족할 수밖에 없다. 오히려 기득권을 지키려고 애를 쓰면서 혁신을 저해하는 경우가 많다.

승자독식구조는 '공정'의 가치도 해친다. 사회과학자들이 자주 하는 재미있는 실험이 있다. 사람들을 둘씩 짝짓고 그중 1명에게 100만 원을 주기로 한다. 돈을 받기로 한 사람은 자기 짝에게 100만 원 중 나눠줄 몫을 제시하는데, 제안 기회는 단 한 번이다. 상대가 제안을 받아들이면 둘은 제안대로 돈을 나눠 갖지만, 상대가 거절하면 두 사람은 아무도 돈을 받지 못한다.

대상과 형태를 바꿔 비슷한 실험을 수없이 하는데 놀랍도록 비슷한 결과가 나온다. 25만 원 이하의 제안은 대체로 거절하는 것이다.[03] 제안을 받은 사람 입장에서는 적은 액수라도 받는 게 유리하지만, 일정 금액 이하의 제안인 경우 자신이 한 푼도 못 받는 한이 있더라도 상대방까지 돈을 못 받게 한다. 실험 후 제안을 거절한 이유를 물었더니 대부분 결과가 불공정하다고 생각했기 때문이란다.

이 실험은 여러 형태로 우리 삶 속에 실재(實在)한다. 공정해야 승복할 텐데 공정하지 않으니 서로가 자기 몫을 더 움켜쥐려고 한다. 게임이 불공정하다고 느껴지면 패자는 게임에 제동을 거는 방법을 강구한다. 자기가 받을 보상을 포기하면서까지 승자독식을 막는 시도를 하는 것이다.

우리 사회의 '불신과잉' 문제도 결국 승자독식구조에서 기인한다. 보상이 정당한 노력이나 기여에서 나오지 않거나, 권한이 책임을 수반하지 않으면 사회에 불신이 확산된다. 경제가 성장하고 거시지표가 좋아져도 소수가 과실을 독점하고, 부와 사회적 지위가 대물림되면서 계층이 고착화되면 사회를 움직이는 작동원리에 대한 불신이 커질 수밖에 없다. 승자, 가진 사람, 성공한 사람, 지도층에 대한 불신이 점점 더 커진다.

보상의 불합리한 차이는 게임의 규칙에 대한 사회적 신뢰를 해치면서 사회적 자본의 축적을 저해한다. 모두 각자도생의 길을 가니 공감과 협조가 나올 여지는 점점 없어진다.

결국 '승자독식구조'를 깨지 않고는 3대 과잉의 해소가 불가능하다. 승자가 과도하게 갖는 보상과 권한을 분산시켜 적절한 보상이 가게 하고, 패자도 충분히 살 수 있도록 사회의 작동원리를 바꿔야 한다. 결국 우리가 쓰러뜨려야 할 '킹 핀'은 승자독식구조인 것이다.

의자 뺏기 놀이

승자독식구조의 가장 큰 폐해는 기회를 없애는 것과 불평등한 기회를 만든다는 데 있다. 그러면서 아예 기회에 접근하지 못하는 사람들도 나온다. 승자들은 학연·혈연·지연 등 연고에 기반해 '그들만의 리그'를 만들어 견고한 카르텔을 형성하고 진입장벽을 만들어냄으로써 많은 사람들의 혁신과 도전을 어렵게 한다. 그 결과 시장에서 더 많은 기회가 만들어지지 못한다. 또한 승자의 기회 독과점은 격차와 경제적 불평등도 더욱 고착화시키면서 '패자 부활의 기회', '계층 상승의 희망 사다리'를 제거해버린다.

승자독식 시장은 다른 어떤 시장보다 나쁘다. 승패가 절대적 능력이 아닌 상대적 능력 차이로 결정되기 때문이다.[04] 보상은 자신의 생산성이 아니라 다른 사람의 생산성과 상대적 비교를 통해 결정된다. 이 구조는 상대를 쓰러뜨려야 내가 이기는 방식이다. 선거에서 경쟁자보다 하나라도 더 많은 표, 입찰에서 얼마라도 더 큰 금액, 입시에서는 1점이라도 높은 점수가 승리를 결정한다. 결국 경쟁자를 상대적으로 '조금 더' 앞서기 위해 무한대의 노력을 기울여야 한다. 승자독식구조가 무한경쟁을 만드는 것이다.

한 게임당 하나씩 의자가 줄어들면서 음악연주가 끝남과 동시에 부족한 숫자의 의자에 먼저 앉아야 하는 '의자 뺏기 놀이'나 다름없다. 남을 앉지 못하게 해야 내가 앉는다. 국가 간의 문제에 대입시키면 냉전시대의 군비경쟁과 비슷하다. 적대국보다 상대적 우위를 지키려고 끝이 안보이는 게임을 하는 것이다. 결국 삶은 긴장의 연속이고 피폐해질 수밖에 없다.

2010년 고려대학교 경영대 3학년 김예슬 씨는 대학을 그만두면서 대자보를 붙였다.

오늘 나는 대학을 그만둔다, 아니 거부한다. (중략) 25년간 긴 트랙을 질주해왔다. 친구들을 넘어뜨린 것을 기뻐하면서 나를 앞질러 가는 친구들에 불안해하면서, 그렇게 '명문대 입학'이라는 첫 관문을 통과했다. 그런데 이상하다. 더 거세게 채찍질해 봐도 다리 힘이 빠지고 심장이 뛰지 않는다. 지금 나는 멈춰 서서 이 트랙을 바라보고 있다. 저 끝에는 무엇이 있을까? 취업이라는 두 번째 관문을 통과시켜줄 자격증 꾸러미가 보인다. 다시 새로운 자격증을 향한 경쟁이 시작될 것이다. 이제야 나는 알아차렸다. 내가 달리고 있는 곳이 끝이 없는 트랙임을.

끝이 없는 트랙. 우리 아이, 청년들이 가고 있는 무한경쟁의 트랙이다. 어느 대학을 가고, 어느 기업에 어떤 조건으로 취직하느냐를 가르는 살벌한 전쟁 속에서 산다. 대학의 서열은 철저하게 관리되고 원하는 일자리를 차지하는 청년은 고작 10% 내외에 불과하다. 죽기 살기의 경쟁이 불가피하다. 공허한 언어가 남발된다. 창의, 도전, 잠재력, 꿈, 끼, 개성, 하고 싶은 일 찾기…. 우리는 우리 자식들에게 진정으로 이런 것들을 권하고 있을까? 만약 아니라면, 우리 사회는 청년들을 기만하고 있는 것은 아닐까?

청·장년, 노년의 삶도 마찬가지다. 입시, 취업, 승진, 부동산, 자녀교육, 노후대책 등 삶의 모든 부문에서 비슷한 패턴으로 무한경쟁이 전개된다. 개인의 삶은 거의 전쟁이다. 모든 세대가 너 나 할 것 없이 전장(戰場)으로 몰리면서 만인의 만인에 대한 투쟁이 벌어진다. 10대에는 입시전쟁, 20대에는 취업전쟁, 30대부터는 자녀교육 전쟁과 부동산 등 재테크 전쟁, 40대 이후에는 노후대책 전쟁이 끝없이 펼쳐진다.

승자독식구조의 또 다른 문제는 엄청난 사회적 자원의 낭비다. 승자가 되기 위한 비좁은 길에 지나치게 많은 경쟁자들이 몰린다. 비생산적이고 파괴적인 투자와 소비가 나올 수밖에 없다. 사회 전체적으로 자원이 낭비되고 혁신은 나오지 않는다. 승리의 가능성을 높이기 위해서는 점점 더 많은 자원을 투입해야 한다. 생산적이고 창의적인 부문으로 가야 할 사람과 돈을 블랙홀처럼 빨아들인다. 시장신호(market signal)의 왜곡은 적성과 직업선택의 왜곡으로 바로 연결된다. 보다 가치 있는 곳에 자원이 투입되는 인센티브가 만들어지지 않는다.

승자독식 전쟁의 종전

승자독식구조는 한번 형성되면 좀처럼 뒤집히지 않는다. 사회 구성원들 스스로가 피해자이면서도 어느새 승자독식구조를 저항감 없이 받아들이게 되기 때문이다. 이미 만들어진 사회보상체계에 따를 수밖에 없다며, 이미 '만들어진 판'에서 승자가 되려고 기를 쓴다. 패배하면 모든 걸잃는 상황에서 수단과 방법의 정당성을 따지거나 주위나 사회를 돌아볼겨를이 없다. 목숨 걸고 죽을 때까지 싸워야만 한다. 패자들에 대한 사회안전망이 제대로 구비되어 있지 않기 때문에 이런 경향은 더욱 심해진다. 그럴수록 승자는 지위를 유지, 승계하기 위한 여러 가지 사회적 제도와 장치를 만든다.[05] 승자독식구조는 이렇게 더욱 단단해진다.

더 큰 문제는 이런 승자독식구조가 앞으로 더 확장될 것이라는 전망이다. 접속자 수가 경쟁력을 결정하는 플랫폼 경제, 비대면·탈(脫)경계가 특징인 디지털 시대와 4차 산업혁명 시대가 오면서 고객은 시장을 더많이 지배하는 기업으로 몰린다. 고객, 기업, 정보를 다양하게 연결하면할수록 규모의 경제 효과가 크게 나타난다. 분업 생태계 참여자 수가 많아질수록 경제성은 확대된다. 소수의 기업이 가격결정권을 포함한 과도한 권한을 갖게 될 가능성이 크다.

시장 지배적 지위를 가진 소수는 새로운 경쟁자가 시장에 들어오는것을 막을 힘이 생긴다. 플랫폼 기업에 의존하는 기업은 고객을 직접 만날 기회를 잃으면서 영업마진은 한계 수준으로 수렴된다. 더 많은 노동자는 플랫폼 노동자로 전락한다. 시장에서뿐만 아니라 정치, 교육 등 우리 삶의 모든 장에서도 마찬가지다. 승자독식구조가 무한히 확대되는 것이다.

이제는 멈춰야 한다. 아니, 바꿔야 한다. 승자독식 전쟁을 '종전'시켜야 한다. 그러지 않으면 다 같이 공멸한다. 당연히 쉬운 일이 아니다. 승자독식구조는 난공불락처럼 보인다. 우리 사회의 구조와 작동방식이 고스란히 이 안에 녹아 있기 때문이다. 그러나 이 구조를 깨지 않고는 우리가 안고 있는 근본적인 문제들을 해결할 수 없다. 시간이 별로 없다. 바로 움직여야 한다. 그런 의미에서 200년도 더 전에 정약용이 《경세유표》 서문에 쓴 경고는 지금도 새겨들을 만하다.

(이 나라는) 털끝 하나라도 병들지 않은 것이 없다.
지금 당장 개혁하지 않으면 나라가 망하고 나서야 그칠 것이다.

10

'기회복지국가'의 길

"세상이 달라졌다. 우리 아이들은 하고 싶은 것을 하며 살 수 있을 것이다. 투명하고 공정한 세상이 될 것이다. 출세한 사람이 아니라 훌륭한 사람이 되도록 키우자." 퇴임 후 노무현 대통령이 자녀를 데리고 방문한 부모들 요청에 한 대답이다. 노 대통령은 답을 하고 돌아서면서 과연 현실을 말한 것인지, 가능한 희망을 말한 것인지 스스로 회의가 들었다고 술회한다. 그러면서 생각을 갈무리한다.

"무엇을 할 것인가? 나라를 바꾸자? 가능한 일이 아니다. 그것이 안 되면 정권을 바꾸자? 정권을 바꾸면 세상이 달라지는가? 정책을 바꾸자. 문제는 정책이다. 부모와 아이들이 감당할 수 있는 경쟁, 성공할 수 있는 교육, 패자에게도 가혹하지 않은 사회, 승자와 패자가 더불어 사는 사회, 이런 사회를 만들면 된다."[06]

모든 문제는 기회와 연결된다

우리 아이들이 자기가 하고 싶은 일에 마음껏 자기 능력을 발휘하며 사는 세상, 승자와 패자가 더불어 사는 세상, 우리가 꿈꾸는 이런 나라를 만들기 위해서 무엇이 가장 필요할까?

그것은 바로 '기회'다.

우리 사회의 모든 문제는 기회와 연결된다. 크게 세 가지다. 첫째, 승자독식 정치구조로 대변되는 국가과잉은 혁신과 질 높은 성장을 저해함으로써 더 많은 기회가 만들어지지 않게 한다. 둘째, 승자독식구조가 만들어내는 격차과잉으로 인해 양극화와 불균형이 심해지면서 기회는 고르게 주어지지 않는다. 셋째, 사회안전망이 촘촘하지 않아 일부 사람들에게는 최소한의 인간다운 삶을 살 기회마저 주어지지 않는다. 이런 '기회의 복합위기'가 오면서 혁신, 공정, 포용의 가치가 훼손되고 있다.

그동안 우리가 가만히 있었던 것만은 아니다. 구호와 청사진은 늘 차고 넘쳤다. 복지국가, 동반성장, 혁신적 포용, 경제 민주화, 자유공화주의, 공동체 자유국가…. 따지고 보면 기회를 더 만들고 공평한 기회를 주기 위한 시도들이었다. 그러나 결과는 실망스러웠다. 우리가 만들고 싶은 나라와는 여전히 거리가 멀었다. 승자독식구조는 더 단단해지고 양극화는 심해졌다. 중산층이 줄고 경제 체질은 점점 허약해졌다. 사회갈등, 정치적 양극화도 그 어느 때보다 심각하다. 그동안의 노력들이 의미 있는 결과를 만들어내지 못한 것이다.

이제는 근본적인 질문을 던져야 한다. "왜 우리는 문제를 해결하지 못하는 것일까?" 과연 승자독식구조를 깨기 위한 그동안의 우리 노력들은 제대로 방향을 잡고 있던 것일까?

예를 들어보자. 비정규직을 정규직으로 전환하면 승자독식구조가 완화되고 공정이 살아날까? 결론부터 얘기하면, 아니다. '승자의 숫자를 조금 더 늘릴 뿐'이다. 판 자체를 바꾸지는 못한다. 물론 상시 지속적 일자리에 비정규직을 고용하는 것은 문제가 있다. 정규직과의 차별금지 원칙도 당연히 적용되어야 한다. 하지만 비정규직을 정규직으로 전환한다고 근본적인 문제가 해결되는 것은 아니다. 비정규직이 필요한 자리도 있고 취업준비생에게는 또 다른 불공정이 될 수 있다. 다른 많은 시도들도 이와 비슷하게 기존의 틀에서 승자를 조금 늘릴 뿐 오히려 승자독식구조를 강화시키는 것들이 많았다.

해답은 기회의 문이 모두에게 활짝 열린 나라를 만드는 것이다. 승자독식 원리가 작동하는 경제구조와 틀을 바꿔 '기회공화국', '기회복지국가'로 만들어야 한다. 기회복지국가는 더 많은 기회와 더 고른 기회를 제공하고, 튼튼한 기회복지안전망을 만들어 국민 삶의 질을 보장하는 국가다. 경제·일자리·복지가 유기적, 통합적으로 선순환하는 국가시스템이다.

'더 많은 기회'의 나라

우리 국민은 기회와 역할이 주어지면 신바람 나게 일하는 국민이다. 도전을 두려워하지 않고 부딪히면서 상상도 할 수 없는 역량을 발휘하는 국민이다. 힘들어도 버텨내는 인내심과 넘어져도 다시 일어서는 회복탄력성도 강하다. 이런 역동성과 창의성이 모여 오늘의 자랑스러운 대한민국을 만들었다. 세계 어느 나라도 하지 못한 성과를 이뤄냈다. 전쟁의 잿더미 속에서 나라를 일으켰고 가장 짧은 기간에 국민소득 3만 달러를 만들었다. '추격경제' 전략으로 앞선 나라들을 빠르게 따라잡았고 반도체, 스마트폰, 자동차, 조선, 철강 등은 세계 최고의 경쟁력을 갖춘 산업이 되었다. 2019년 세계 수출시장에서 점유율 1위를 차지한 우리 제품은 69개로 세계 11위를 기록하고 있다.[07] 비자 없이 갈 수 있는 국가가 제일 많은 여권 영향력 지수 최고의 나라가 되었다.

그러나 이제 한국경제를 지탱하던 역동성이 점점 사라지고 있다. 여전히 GDP 대비 R&D 투자, 대학진학률, 근로시간 등 성장과 관련된 요소 투입지표는 세계 최고 수준이다. 그러나 지식습득과 응용에 초점을 맞춘 정답 찾기 교육, 단기 성과주의에 치우친 R&D 투자에서 탈피하지 못하고 있다. 보호와 지원 중심의 산업정책과 추격 전략에 익숙한 재벌 중심의 산업구조 역시 우리의 발목을 잡고 있다. 특히 국가기간산업과 재벌 대기업 중심의 경제가 승자독식구조를 심화시키고 있다. 그러다 보니 혁신이 한계에 부딪히면서 '빠른 추격자 전략'은 더 이상 작동하지 않는다. 독창적 아이디어나 새로운 사업, 기업가정신, 튀는 문화와 끼, 시장의 역동성이 꽃필 수 있는 구조로 전환을 꾀하지 못하는 것이다. 그 결과 잠재성장률은 지속적으로 떨어지고, 유망산업을 애써 키워도 고용은 예전에 비해 턱없이 지지부진하다. 일할 기회, 사업할 기회가 더 많이 만들어지지 않으면서 결국 부족한 기회를 놓고 경쟁할 수밖에 없게 됐다.

결국 답은 더 많은 기회를 만드는 데 있다. 우선 우리 경제·사회 전체의 파이가 커지고 역동성이 살아나야 한다. 그래야 기회가 많아지고 골고루 기회를 향유할 수 있게 된다. 기회를 많이 만들어야 청년세대가 겪는 입시·취업·출산·육아의 어려움을 해결할 수 있고, 출산율 저하 같은 문제들이 경제를 어렵게 하면서 다시 청년들을 힘들게 만드는 악순환 구조도 바꿀 수 있다. 기회가 많아져서 2차, 3차 또 다른 기회의 문이 열려 있다면 도전하고 실패하는 것을 두려워하지 않고 혁신에 앞장설 수 있다. 소득 불평등과 양극화를 완화하고 계층이동도 가능해진다.

기회를 많이 만들고, 만들어진 기회에 누구든지 참여할 수 있는 플랫폼을 구축하는 데 길이 있다. 우리의 미래세대인 청년들이 마음껏 일하고, 공부하고, 창업하고, 사랑하고, 결혼하고, 아이를 낳을 수 있는 '기회의 나라'로 만드는 것이다.

더 많은 기회를 만들기 위해서는 그동안 우리 경제가 추구해온 '추격경제'의 틀을 깨야 한다. 이제 우리가 따라갈 모델은 없다. 남들이 하지 않은 것을 해야 하고, 남들도 모르는 답을 찾아야 한다. 과거와 같이 효율성에 기반을 두고 선진국을 따라가는 것이 아니라 새로운 가치를 창출하는 선도적 혁신이 필요하다. 최근 아시아를 넘어 세계를 휩쓸고 있는 한류에서 우리 국민의 창의성과 잠재력을 충분히 확인할 수 있다. 절대 인구가 많지 않은 나라지만 세계 여자골프를 휩쓸고 피겨 스케이팅의 왕관을 거머쥔다. 영화 '기생충', '미나리'를 만들고 BTS가 각종 음악

차트를 석권하고 있다. 전 세계를 덮친 코로나19 위기 속에서도 '한류'는 새로운 이정표를 세우고 있다.

이제 이러한 우리 국민의 창의성과 다양성이 산업과 경제의 모든 분야에 걸쳐 꽃필 수 있게 해야 한다. 경제 체질을 더욱 유연하게 만들고 획기적인 규제개혁이 이루어질 때 가능하다. 그래야 우리 경제의 더 많은 기회를 만드는 혁신창업이 늘고 중소·벤처기업들의 해외영토가 확장될 수 있다. 기술 사이클이 긴 새로운 먹거리도 찾을 수 있다.

'더 고른 기회'의 나라

승자독식구조가 가져오는 또 다른 문제는 자본, 기술, 교육 수준은 과거보다 높아졌는데 기회가 소수에게만 집중되고 있다는 것이다. 어떤 계층, 어떤 사람들에게는 기회가 넘치도록 주어지고, 어떤 사람들에게는 지극히 제한적으로 주어진다. 힘센 사람, 더 많이 가진 사람들이 '기회의 사재기'를 하면서 기회의 부익부 빈익빈이 심화된다. 이러한 현상이 우리 경제를 '세습경제'로 만들고 있다.

앞에서 이야기한 추격경제의 틀은 '추격사회'를 만든다. 압축성장 시대에 일자리, 부동산, 교육 세 가지 자산을 모두 확보한 계층이 등장했다. 이들은 한국 사회에서 유독 시험과 결부된 전문직이나 공공부문, 대기업 정규직이 되어 '똘똘한 아파트'를 1채 이상 소유하면서 자녀들 교육에 집중 투자한다. 다른 사람들은 이들을 추격하면서 입시·취업경쟁과 부동산 투기에 뛰어들며 판을 키운다. 모두가 '일자리−부동산−교육'의 삼각 기득권을 따내기 위해 경주를 하고 있는 것이다.

이 과정에서 과거에는 주로 재산을 물려받았지만, 이제는 값비싼 교육을 통한 인적자원으로 대물림되는 새로운 형태의 세습경제 모습을 띤다. 성적, 어학실력, 스펙은 말할 것도 없고 심지어 인턴 기회조차 마찬가지다. 상위 중산층의 특권화, 세습화 경향이 강화되고 있는 것이다. 그러다 보니 계층이동이 점점 어려워지고 자조적인 '수저론'까지 나온다. 결국 출발선이 다른 현대판 엘리트 신분제가 만들어진다. 승자독식구조가 더욱 견고해질 수밖에 없다.

이렇게 기회의 문제는 기회의 '양'뿐 아니라 '질'도 중요하다. 기회의 숫자나 총량의 확대만이 아니라, 기회의 '공평'이 이루어질 때 진정한 기회공화국을 만들 수 있다. 특히 기회의 '질' 문제는 최근 우리 사회의 최대 화두인 '공정'과 직결된다. 절차적, 형식적 공정이 부각되고 있지만, 더 중요한 것은 우리 사회 근저에 깔려 있는 '능력주의'의 함정이다. 모든 영역에서 경제성과 효율, 성과만 강조될 뿐 '기울어진 운동장'은 간과되고 있다. 금수저와 흙수저의 출발점이 다르다는 사실을 외면하고 능력 차이에 따른 결과의 불평등을 인정하는 것이 공정한지 생각해봐야 한다. 능력주의를 공정의 기본으로 삼으면 또 다른 불평등이 만들어질 수밖에 없기 때문이다.

결국 능력주의의 외피를 쓴 세습주의가 당연시되는 것을 어떻게 바꿀 것인지가 공정 논의의 핵심이라고 할 수 있다. 공정을 말하려면 '기회의 공정'을 이해해야 한다. 진정한 공정의 가치를 추구하기 위해서는 능력주의 너머를 봐야 한다. 주어진 기회의 '질'을 살펴야 하는 것이다. 즉 더 많은 기회를 만드는 것에 더해 더 고른 기회가 주어져야 한다. 기회의 양적 확대를 넘어 기회의 질을 개선해야 한다. 그러기 위해서는 '세습경제'의 틀을 깨야 한다. '자리'를 얻기 위해서 가진 것을 총동원하는 무한경쟁의 판을 바꿔야 한다. 철밥통을 깨고 엘리트 순혈주의를 청산해야 한다.

기회의 양극화 해소를 위해 '기회의 할당'도 검토할 필요가 있다. 특히, 교육과 취업에서 줄 세우기가 아닌 다양한 인재 선발방식을 도입해야 한다. 이런 대안의 추진과정에서 역차별 논란이 나올 수도 있지만, 세습경제로 비롯되는 경제·사회적 문제가 워낙 크기 때문에 일정 기간, 일정 부분 감수해야 한다. 사회가 할 수 있는 가능한 범위 내에서 국민 모두가 공평한 기회를 갖고 각자의 능력을 최대한 발휘하도록 하는 것이라고 이해하고 지원해야 한다.

'세습경제의 틀'을 깬다면 대한민국을 세계에서 중산층이 가장 두터운 나라로 만들 수 있다. 양쪽에 무게가 실리고 가운데가 가느다란 '아령공화국'에서 가운데가 두터운 '다이아몬드공화국'으로 만드는 것이다. 중산층이 두터워야 경제, 정치, 사회, 교육, 문화 모든 면에서 건강해진다. 세상이 막혀 있을 때는 진보, 너무 빠르게 변할 땐 보수의 편에 서서 사회의 완충역할을 하는 것도 바로 이 중산층이다.[08] '기회복지국가'를 만드는 관건 중 하나가 바로 이 중산층을 늘리는 데 있다.

'기회복지안전망'의 나라

더 많은 기회와 더 고른 기회가 주어져도 실제로 기회를 얻지 못하거나 기회 접근성이 현저하게 낮은 사람들이 나오게 마련이다. 그런 계층의 사람들까지 최소한의 경제·사회 안전장치 속에서 기회를 찾을 수 있도록 하는 것이 '기회복지안전망'이다.

보편적 복지국가는 국민 누구라도 실업이나 질병과 같은 사회적 위험이나 각종 복지수요가 필요한 상황에 처했을 때 사회안전망으로부터 적절한 지원을 받는 시스템을 갖춰야 한다. 불평등과 격차를 줄이고 모든 국민이 최소한의 인간적 존엄성을 유지하면서 생활할 수 있도록 촘촘하고 든든한 사회안전망을 만드는 것이다. 그럴 때 기회의 실질적 평등을 보장하고 불평등과 격차를 줄이며 경제의 역동성도 높이게 된다.

이러한 차원에서 기회복지안전망의 3대 요소는 소득, 주거, 교육이라고 할 수 있다. 가장 중요한 것은 사회적 연대를 통한 소득안전망 구축이다. 급변하는 4차 산업혁명 시대에 누구나 실직을 당하거나 폐업할 수 있다는 전제를 가지고 기본생활이 가능하도록 소득을 보장하는 것이다. 특히 불안정한 저임금 일자리일수록 사회보험에 가입되지 않을 가능성이 높다는 점을 감안하여 근로빈곤을 예방할 수 있는 소득안전망을 만들어야 한다.

그러나 국민 삶의 안정은 주거와 교육문제의 근본적인 해결 없이는 불가능하다. 주거와 교육문제가 소득이 늘어나도 살림살이를 계속 어렵게 만드는 민생위기의 주범이기 때문이다. 우리 사회는 교육과 주거 등

생활필수재에 대한 공공성이 취약하기 때문에 삶이 불안하고 행복감이 매우 낮은 사회가 되었다. 생활필수재를 시장에서 확보하기 위해 전력투구와 이전투구를 하며 살아야 하기 때문이다.

특히, 교육과 부동산은 개개인의 안정적 생존을 위한 최후의 보루에 가깝기 때문에 너 나 할 것 없이 삶의 안전망 확보를 위해 교육과 부동산 시장에 뛰어든다. 그래서 우리나라는 가구당 전체 자산 중 부동산이 차지하는 비중이 주요국 가운데에서 가장 높아 '집'이 부채의 가장 큰 원인이 되고 있다. 또 학벌사회에서 사교육비 지출이 공교육비 지출 규모를 넘어 계속 팽창하고 있다. 이와 같은 집값과 교육비 급증이 우리 경제를 고비용 구조의 '거품경제'로 만들어 가고 있다. 부동산과 교육 거품은 내수와 투자에 악영향을 미치고 사업과 일자리의 기회 자체를 줄인다. 기회를 만드는 혁신과 도전도 방해한다. '추격경제'의 틀을 벗어나지 못하게 하는 주범이 되고 기회의 양극화를 가져오는 원인이 된다.

특히 경제기반이 취약한 청년들은 치솟는 집값과 양육비, 교육비 때문에 출산을 기피하게 되면서 미래세대가 감소하는 악순환이 시작된다. 꼬리에 꼬리를 무는 악순환의 덫에 빠지는 것이다. 부동산과 교육 거품은 또한 사회적 불평등과 '세습경제'를 강화시킨다. 자산가치의 상승이 빈부격차를 벌리고, 사교육비 부담 능력의 차이가 교육기회의 격차를 벌리기 때문이다.

이제 든든하고 촘촘한 기회복지안전망을 만들기 위해 보편적 소득안전망과 함께 '거품경제'의 틀을 깨고 전 국민의 안정된 주거안전망과 교육안전망을 구축해야 한다. 단지 저소득층과 취약계층에 기본적인 주거와 교육의 기회를 갖도록 복지급여를 제공하는 차원을 넘어, 서민과 중산층이 가급적 빚내지 않고 자신의 소득으로 안정적인 주거와 교육이 가능하도록 해야 한다.

먼저 1가구 1주택이 삶의 기본권이라는 인식으로 '내 집 마련의 꿈'을 이뤄줘야 한다. 주택공급을 늘리고 임대사업자 보유주택이 공급물량으로 시장에 나오도록 유도하여 주택가격을 안정시켜야 한다. 소득이 낮은 계층을 위한 주거복지정책을 보다 과감하게 추진해야 한다. 부동산 불로소득이라는 구조적인 문제도 해결해야 한다.

교육에 있어서도 발상을 뒤집는 획기적인 대안이 필요하다. 대학교육의 지원방식을 대학 지원에서 학생 지원으로 바꾸고 위기에 빠진 학생을 구해야 한다. 또한 부동산뿐 아니라 교육거품을 꺼뜨리기 위해서는 무엇보다 수도권 일극(一極) 체제를 다극(多極) 분산체제로 바꾸는 것이 필요하다.

결국 답은 한국 사회의 경장(更張)에 있다. 기존의 낡은 것을 바꿔 완전히 새롭게 하는 것이다. 추격경제, 세습경제, 거품경제의 틀을 깨고 악순환의 고리를 끊어야 한다. 경제의 틀을 깨어 완전히 새롭게 하고, 사회는 '각자도생'에서 '상생과 연대'의 원리가 작동하도록 바꾸는 것이다. 그래야 청년, 학생, 자영업자, 서민 등 수많은 흙수저들에게 더 많은 기회, 더 고른 기회, 기회복지안전망을 만들어줄 수 있다. 그래야 누구나 열심히 노력하면 행복해질 수 있는 '기회복지국가', '기회공화국'을 만들 수 있다.

11

신(新) 사회계약

인간이 1마일을 4분 내에 뛴다는 것은 신체적으로 불가능하다는 것이 육상계와 의학계의 오랜 주장이었다. 1950년대 전까지 신기록은 1945년 세운 4분 1초였다. 여기까지가 인간의 한계라고들 했다. 4분 내로 달리면 심장과 관절이 파열되고 근육과 인대가 찢어진다고 했다. 1마일을 4분 3초에 여섯 번이나 달린 호주의 존 랜디는 "4분 벽은 벽돌장벽이다. 다시는 도전하지 않겠다."며 진저리를 치기도 했다. 그러다 1954년 옥스퍼드 의대생 육상선수 배니스터가 3분 59초 04의 기록으로 '마(魔)의 4분' 벽을 깨는 일이 생긴다.

더 놀라운 일은 그 후에 벌어진다. 불과 1개월 뒤에는 10명의 선수가, 1년 뒤에는 37명의 선수가, 2년 뒤에는 300여 명의 선수가 4분 벽을 깬다. 포기하겠다던 랜디도 4분 벽이 깨진 6주 뒤 3분 58초의 신기록을 세운다. 45년 뒤에는 기록이 3분 43초까지 단축된다.

왜 이런 일이 생겼을까? 1954년 여름부터 인간이 갑자기 빨라지기라도 한 것일까? 아니다. '금기'라는 마법을 깬 결과다. 오랜 기간 유지되어 왔던 '할 수 없다'는 심리적 벽과 통념을 깨고 나니 새로운 세상이 열린 것이다.

사회적 고통분담 협약

대한민국 경제의 경장은 오랫동안 쌓인 고정관념과 틀을 깨는 것이다. 추격경제, 세습경제, 거품경제의 틀을 깨는 것은 다른 말로 하면 금기(禁忌)를 깨는 것이다. 여기서 금기란 '그래야 한다고 생각조차 못 하거나, 생각을 하더라도 실천에 옮기지 못했던 의식, 제도, 관행, 문화'를 의미한다. 즉 이미 사회적으로나 통념적으로 단단하게 굳어져, 깨야 한다는 생각조차 못 하거나 혹은 바꿔야 한다는 걸 뻔히 알면서도 바꾸지 못하는 일들이다.

바로 이런 금기들이 승자독식구조를 공고하게 만든다. 앞서 이야기한 추격경제의 금기, 세습경제의 금기, 거품경제의 금기를 깨야 우리나라를 '기회공화국'으로 만들 수 있다. 이것이야말로 지금 우리에게 주어진 시대적 과제다.

굳어진 경제와 사회의 틀을 깨는 '금기 깨기' 사례가 우리 역사에서 없었던 것은 아니다. 사회 전체적으로 기득권을 깬 경험이 있다. 바로 1950년에 단행한 농지개혁이다. 농사를 짓지 않는 사람이 보유한 농지를 농민에게 유상 분배한 것이다. 북한이 한 무상몰수 무상분배와는 대조적이었다. 그 결과 1945년에 50%가 넘던 소작농이 불과 6년 만에 4% 이하로 떨어졌다.[09] 많은 사람이 소작농이 아니라 자기 경작지를 소유한 어엿한 농민으로 거듭난 것이다. 계층이동의 기회를 만들고 사회의 역동성을 높였다. 훗날 농지개혁은 경제발전의 기반이 되고 진정한 의미의 민주주의 토대를 마련했다는 평가를 받는다.[10] 농지를 소유하게 된 주민들이 한국전쟁 때 동요하지 않아 공산화를 막는 데 크게 기여했다는 분석도 있다.

그로부터 70여 년이 흘렀다. 이제 1950년 농지개혁에 준할 정도의 혁신적인 기득권 개혁이 필요하다. 바로 '금기 깨기'다. 우선 잘못된 생각이나 믿음에서 나왔지만 자기가 옳다고 고집하면서 바꾸려 하지 않으려는 금기들이 있다. 가령 비정규직을 모두 정규직으로 전환하면 비정규직 문제가 해결된다고 믿는 것이다. 또한 자기 진영이나 지지자들로부터 비판을 받는 게 두렵거나, 선거에서 표를 의식해 깨지 못하는 금기도 있다. 예를 들면 원격진료, 노동시장 유연성 문제 같은 것들이다. 정치적 양극화와 정쟁이 심해질수록 이런 진영 금기는 더 견고해진다.

금기 깨기에는 필연적으로 고통이 따른다. 오랫동안 형성된 틀을 깨는 것이어서 저항이 있게 마련이다. 이런 점에서 승자독식 전쟁을 종전시키기 위한 추격경제, 세습경제, 거품경제의 금기를 깨는 것은 새로운 사회적 고통분담 협약을 맺는 것을 의미한다.[11] 더 나은 내일을 위해 사회구성원이 고통을 함께 나누기로 약속하는 것, 일종의 신(新) 사회계약이다.

이때 그 약속을 깨는 행위를 그대로 방치해서는 안 된다. 누군가 약속을 깨면 그에게만 어떤 이득이 주어질 것이고, 이를 방치하면 다른 다수의 사람들까지 도미노처럼 따라갈 위험이 있기 때문이다. 따라서 금기 깨기에는 사회구성원의 합의와 이행을 담보하는 제도의 개혁이 반드시 수반되어야 한다.

국가가 할 일과 하지 말아야 할 일

자, 그렇다면 '기회공화국'을 만들기 위한 금기 깨기는 누가, 어떻게 해야 되는 것일까?

기회의 창출과 금기 깨기의 중심에 시장이 있는 것은 분명하다. 그리고 시장은 국가의 역할과 깊이 관련된다. 그런데 국가의 '역할'을 두고 지금까지 진보와 보수, 여와 야 간 입장 차가 좀처럼 좁혀지지 않는 것이 문제다. 단적으로 진보는 시장의 공정성을 위해 국가의 적극적인 '개입'을 주장하고, 보수는 시장의 역동성을 위해 국가 개입의 '축소'를 주장한다. 진보는 복지와 사회안전망 확충을 위해 국가의 보다 적극적인 역할이 필요하다고 주장하는 반면, 보수는 복지트랩을 우려한다.

우리 사회는 보수와 진보가 해결하고자 하는 문제를 동시에 갖고 있다. 시장에서는 보다 많은 자유와 경쟁이 필요하다. 동시에 공정과 포용의 가치를 회복하고 경제적 불균형을 해소해야 한다. 두 측면이 다 절대적으로 부족하기 때문에 둘 다 해결해야 한다. 하나가 다른 하나를 위해 희생해야 할 성격의 가치가 아니다. 택일의 문제도, 옳고 그름의 문제도, 타협의 여지 없이 싸울 문제도 아니다. 서로의 입장을 내려놓고 국가의 역할에 대한 합의점을 찾아야 한다.

이렇게 해보면 어떨까. 시장과 경제에서는 국가의 개입을 줄이고, 사회안전망 확충에서는 국가의 역할을 확대하는 것이다. 이를 위해 정치 영역을 좁혀서 정치 때문에 경제가 방향을 잡지 못하거나 혼란을 겪는 일을 줄여보자. 권력도 나누자. 중앙과 지방 정부 간, 권력기관 간 견제와 균형이 되도록 하는 것이다. 시민사회가 할 수 있는 영역은 넓혀보자. 이런 방향에서 바람직한 국가의 역할을 크게 세 가지로 제안한다.

첫째는 '하지 말아야 할 일을 하지 않는 것'이다. 경제와 시장에서 정부의 역할을 줄이는 것이다. 정부와 공공부문이 선수로 뛰거나 개입하는 것을 줄이는 것이다. **'기업가 국가'의 역할**이다. 시장이 역동적으로 흐르기 위해서는 민간의 자유와 창의를 키워야 하고 국가는 가부장적 후견주의를 내려놓아야만 한다.[12] 국가와 정부는 코치가 아닌 심판이 되어야 한다. 정부가 시장에 개입할 때와 원칙을 분명히 해야 한다. 가령 시장이 불공정하거나 승자에게 너무 많은 보상이 가는 경우, 또는 시장이 제대로 작동하지 않는 경우에만 개입하는 것이다. 둘 다 승자독식구조를 견고하게 만드는 원인이기 때문이다.

새로운 산업을 찾거나 일자리를 만드는 일은 민간주도로 이뤄지도록 해야 한다. 민간과 시장의 이니셔티브를 인정해야 한다. 초과이윤의 배분이나 인·허가권을 내려놓고 국가과잉을 해소해야 한다. 국가는 정권을 뛰어넘는 장기적 비전을 제시하고 민간이 할 수 없는 일을 해야 한다. 예를 들면 경제의 판도를 바꾸는 돌파구를 적시에 마련하는 역할 같은 것이다. 위험부담이 커서 기업이 투자를 회피하거나 주저하는 큰 프로젝트나 R&D를 선도적으로 추진해야 한다. 이렇게 쌓는 공공재를 통해 경제주체들의 활발한 경제활동을 뒷받침해야 한다.

둘째는 '꼭 해야 할 일을 적극적으로 하는 것'이다. 시작을 도와주고 실패를 용인하고 재기가 가능하도록 혁신안전망, 사회안전망을 촘촘하게 만들어야 한다. 최대한 평등한 출발선을 만들고 시장의 결과로 나타나는 불균형을 시정해야 한다. 즉 '보험국가'의 역할이다. 개인의 자유를 제한하는 근본원인인 빈곤과 폭정을 없애고, 일자리·교육·주거·건강에서의 기회의 결핍도 제거해야 한다. 이를 통해 세습사회가 되는 것을 막고 사회적 이동을 촉진해야 한다.

셋째는 '시민의 참여를 확대하는 것'이다. 어떤 일을 할 것인지, 하지 말 것인지를 결정하는 과정에서 특히 그렇다. 다수 시민, 여러 계층과 세력이 참여하는 의사결정 구조를 만들어 이제까지 해왔던 소수 엘리트

위주의 톱다운 의사결정 방식을 바꾸는 것이다. 이념, 세대, 지역, 성별 갈등을 넘어 공동의 해결방안을 찾는 것이다. '참여국가'로의 전환이다.

이제는 소모적인 흑백논리나 철 지난 이념논쟁을 부추기는 선동 정치나 포퓰리즘 정책 만들기를 그만두어야 한다. 공감과 소통에 기반을 두고 사회통합으로 가는 제도와 여건을 만들어야 한다.

아래로부터의 반란

국가가 할 일 못지않게 중요한 것이 '시민의 역할'이다. 이제까지의 개혁은 늘 위로부터 추진됐다. 소수의 정치엘리트, 고위관료, 경제적 강자, 지식인 등이 주도한 의사결정이다. '닫힌 네트워크'에 모여 결정을 하고 기득권, 정략, 로비가 끼어들며 국민의 의사가 무시될 때가 많았다. 그러다 보니 현실이나 민생과는 동떨어져도 한참 동떨어진 정책들이 난무하게 된다.

게다가 세상은 더욱 복잡다양해졌다. 이제 대한민국에 산적해 있는 문제를 정부나 정치권의 리더십, 재정만으로 풀기에는 한계에 부닥쳤다. 정책의 대상이자 수동적 소비자였던 시민이 참여자이자 생산자로 나서야 한다. 지도층, 정치인에게 더 이상 기대하기 어렵기 때문에 더더욱 그렇다. 의사결정 과정의 대전환이 이루어져야 한다. 아래로부터의 반란이 필요하다. 사회구성원인 시민의 힘으로 사회문제를 해결하고 사회를 혁신하는 새로운 접근이 필요하다. 위로부터 강요된 혁신이 아니라 아래로부터 자발적인 혁신이 있어야 제대로 된 실천이 만들어진다.

　아래로부터의 자발적 혁신은 다름 아닌 '공감'에서 출발한다. 행동을 시작하는 문을 여는 것은 '공감'이기 때문이다.[13] 실천의 출발선인 셈이다. 공감은 타인의 관점과 감정을 이해하고 공유하는 능력이다.[14] 우리를 다른 이들과 연결시켜주고 타인의 상황을 우리 자신의 상황으로 만드는 능력이다.

　공감은 사람을 이어주는 유대감이기도 하다. 코로나 팬데믹을 거치면서 사회적 공감의 가치는 더욱 소중해졌다. 코로나 이후 세상에 대해서는 여러 의견이 있지만 세계적 석학들이 동의하는 내용이 있다. 자크 아탈리는 팬데믹에 맞서는 유일한 방법으로 공감에 기초한 이타주의를 꼽는다.[15] 마스크는 좋은 예다. 마스크는 자신뿐 아니라 타인을 보호하기 위해 쓴다. 다른 이를 배려하면 보호받는 타인이 결과적으로 자신을 보호한다. 결국 이타주의는 진화된 이기주의다. 마이클 샌델이나 김용 전 세계은행 총재도 공감에 기초한 사회적 연대를 강조한다.[16]

　우리는 짧은 시간에 압축적으로 경제적 근대화와 정치적 민주화를 이루는 과정에서 잊어버린 사회적 공감이라는 소중한 가치를 되살려야 한다. 보수와 진보, 기성세대와 청년, 남성과 여성, 영남과 호남, 기득권 성의 안과 밖, 사업주와 노동자, 정규직과 비정규직들이 서로에 대해 이해하고 상대방의 상황에 자신을 위치시키려 노력해야 한다. 그러지 못하면 반목과 경쟁만 남고 불신과 양극화가 심해진다. 이런 절실한 생각을 부총리 취임사에 담았다.

기획재정부 가족 여러분. 우리가 언제 한번 실직의 공포를 느껴본 적이 있습니까? 우리가 몸담은 조직이 도산할 것이라고 걱정해본 적이 있습니까? 장사하는 분들의 어려움이나 직원들 월급 줄 것을 걱정하는 기업인의 애로를 경험해본 적이 있습니까? 저부터 반성합니다. 그래서 직원 여러분께 당부드립니다. 이제 책상 위 정책은 만들지 맙시다. 현장에서 작동하는 정책을 만듭시다. 국민이 이해하고 감동하는 정책을 만듭시다.

PART 4
기회복지국가를 향한
금기 깨기

'코끼리 말뚝 이론'이 있다. 두 장의 만평으로 그려진다. 첫 그림은 어린 코끼리의 한쪽 다리를 말뚝에 묶어 키우는 장면이다. 다음 그림은 다 큰 코끼리가 돼서도 말뚝에 묶여 사는 그림이다. 다 큰 코끼리는 힘이 세져서 어렵지 않게 말뚝을 뽑을 수 있는데 시도조차 하지 않는다. 말뚝에 묶여 좁은 울타리 안에서 사는 데 익숙해졌기 때문이다.

이제는 대한민국 경제의 발목을 잡고 있는 이런 말뚝을 뽑아야 한다. 그동안 뽑을 생각을 하지 못했고, 뽑을 수 있는데도 뽑지 못했던 말뚝들이다. 이 말뚝을 뽑아야 우리 경제와 사회에 '더 많은 기회'가 만들어지고, '더 고른 기회'가 제공될 수 있다. 기회복지안전망의 구축도 마찬가지다.

말뚝을 뽑는 것은 우리 사회 곳곳에 있는 금기를 깨는 것이다. 우선 추격경제, 세습경제, 거품경제의 금기를 깨야 한다. 서로 간에 밀접하게 연결되어 있기 때문에 어느 하나만 뽑아서 될 일이 아니다. 각각의 금기를 깨는 것도 필요하지만, 중장기 로드맵을 만들어 종합적으로 추진해야 한다. 오랜 시간 꾸준히 추진해야 하고 불편하고 힘든 과정을 거쳐야 한다. 그 과정에서 서로가 고통을 분담하고 인내하며 지속적으로 밀고 나가야 한다. 이제까지와 전혀 다른 발상과 거꾸로 뒤집는 용기가 필요하다.

12

추격경제 금기 깨기

휴대폰을 처음 발명해 세상에 내놓은 회사는 어디일까? 애플? 삼성? 아니다. 기억도 까마득한 모토로라라는 회사다. 지금 우리가 사용하고 있는 스마트폰을 가장 먼저 출시한 회사 역시 역사의 뒤안길로 사라져 간 노키아라는 회사다. 모토로라는 휴대폰을 처음 발명하고도 디지털 전환을 주저하다 노키아에 주도권을 빼앗겼고, 노키아도 스마트폰을 가장 먼저 개발했지만 애플과 삼성에 참혹하게 추월당하고 말았다. 뜬 금없는 휴대폰 이야기가 아니다. 국가의 흥망성쇠 또한 다를 바 없다. 하루가 다르게 변화하고 혁신하지 않으면 어느새 도태되고 마는 게 지 금 세상이다.

그동안 대한민국의 미래는 선진국의 현재라는 정답이 있었다. 후진국-중진국-선진국 사다리가 있다고 생각했고, 빠르게 정답을 습득해서 실행에 옮기면 됐다. '추격경제'를 통해 선진국을 벤치마킹하며 성장해온 것이다. 하지만 이제 이 모델은 더 이상 유효하지 않다. 선진국은 멀찍이 달아나고 중국 등 후발국은 거세게 추격해온다. 대한민국 경제는 장기 저성장 기조에 들어갔고 고용 없는 성장이 뉴노멀이 됐다. 혁신은 한계에 부딪혔으나 지원과 보호 중심의 산업정책은 그대로다. 중국은 산업별 1등이 몇 년마다 바뀌지만 우리는 1등이 늘 그대로다. 새로운 비즈니스에 대한 진입장벽은 여전히 높고 경제의 역동성이 떨어지고 있다. 여기에 더해 양극화는 더욱 심해진다.

　　이제 대한민국 경제 체질을 바꿔야 한다. '추격'만 해서는 '추월'을 할 수 없다. 더 많은 기회를 만들기 위해서 추격경제의 금기를 깨야 한다. 무엇보다 소수 수출 대기업의 승자독식구조를 깨고 다양한 스타트업들, 특히 4차 산업혁명 분야의 스타트업들을 장려하고 지원하여 건실한 중소기업을 많이 육성함으로써 우리 산업의 저변을 넓히고 튼튼히 하는 것이 필요하다.

　　추격경제를 '선도경제'로 전환시키는 것은 성장률이나 시장점유율과 같은 정량적 성과가 아니라, 우리 경제의 기회창출력을 확충하는 것이 핵심이다. 이를 위해서는 일정 부분 정부가 손을 놓아야 하고 혁신시스템을 바로잡아야 한다. 경제의 역동성을 높여 새로운 일거리와 일자리를 많이 만들어야 한다. 그것이 '기회공화국'으로 가는 길이다.

제3차 벤처 붐은 없다

지난 추격경제 시대, 이른바 '벤처 붐'이 휘몰아친 적이 있다. 쉽게 끓는 물이 쉽게 식는다고 그 광풍은 오래 지속되지 못했고, 그렇게 1차 벤처 열풍은 금세 사그라들었다. 최근 들어 다시 2차 벤처 붐이 활발히 일어나고 있다. 4차 산업혁명 시대를 맞이하여 다행스런 현상이다. 그러나 이번만큼은 짧은 광풍으로 끝나서는 안 된다. 이 붐을 '스타트업 쿠데타'로 연결시켜 지속적으로 끌고 가야만 한다. 한때의 열풍으로 끝나 또다시 '제3차 벤처 붐'이란 말이 나오지 않게 하자. 벤처 붐은 어느 정도 일어나다가 꺼지기 마련이라는 잘못된 금기를 깨야 한다.

대기업이 성장에는 기여하지만 과거만큼 많은 일자리를 만들어내지 못한다. 자영업자나 소상공인이 고용에는 기여하지만 성장기여도는 높지 않다. 이에 비해 벤처·중소기업은 성장과 고용, 두 측면에 고루 기여한다. 실제로 벤처기업 일자리 수(67만 명)는 4대 그룹 일자리 수(69만 명)에 육박한다.[01]

때문에 대기업이 경제를 견인한다는 금기도 깨야 한다. 추격경제의 성장전략은 대기업 중심이었지만, 선도경제의 주인공은 누가 뭐래도 혁신 스타트업들이다. 이제 기업가정신이 불꽃처럼 활활 타오르게 해서 스타트업과 새로운 비즈니스가 넘쳐나는 경제구조를 만들어야 한다. 성장과 일자리의 화수분인 스타트업을 지금보다 2배 이상 키운다면 가능한 일이다.

무엇보다 창업 초기에는 정부 지원과 정책이 거의 세계 최고 수준이지만, 이후 사업이 확장되면 각종 규제 등 제약이 급격히 많아지는 문제를 개선해야 한다. 작은 국내 시장규모, 해외 레퍼런스를 요구하는 국내 수요처, 특정 분야에만 쏠리는 벤처투자 등의 현실도 바꿔야 한다.

이제 벤처생태계를 정부 주도의 공급시장 위주에서 민간 주도 회수시장 중심으로 전환해야 한다. 투자자금 회수를 원활하게 하는 것이다. 우선 인수합병(M&A) 시장과 기술거래 시장을 활성화하자. 벤처인증도 기술인증이 주가 되도록 하고, 특허보호 수준도 한층 높여야 한다. 스타트업을 일궈 대기업 등에 매각, 돈을 벌 수 있는 기회를 만들어주면 청년들이 대기업이 아니라 창업에 몰릴 것이다.

더 중요한 것은 데스밸리를 극복하는 스타트업들이 많아지도록 하는 것이다. OECD 주요 국가의 40%보다 10%가 낮은 우리의 스타트업 생존율을 대폭 끌어올려야 한다. 스타트업은 스케일업(scale-up)을 거쳐 글로벌 벤처로 성장한다. 따라서 현재의 스타트업 중심 지원을 스케일업도 함께 지원하는 방향으로 전환해야 한다. 개별 기업에 대한 지원보다 공통 플랫폼을 구축하는 것이 바람직하다.

이때 대기업의 역할이 중요하다. 대기업이 사내 벤처에 로드맵을 제시하고 지원해온 것처럼 벤처캐피탈을 통해 스타트업에 투자하고 공동으로 연구·개발하는 채널을 만드는 것이다. 데이터 개방과 공유를 위한 규제개혁 역시 아주 시급하다. 유니콘 기업 대부분은 빅 데이터를 기반으로 온·오프라인을 융합한 O2O(Online to Offline) 기업들이다. 이 O2O 융합을 가로막는 데이터와 클라우드 규제는 반드시 풀어야만 한다.

스타트업 숫자를 크게 늘리고 성장을 지원하기 위해서는 벤처기업에 대한 복수의결권 도입도 적극 검토할 필요가 있다. 벤처기업의 창업주나 최고경영자 소유 주식에 보통주보다 더 많은 의결권을 부여하는 제도다. 유니콘 기업이 많은 나라에서 일반적으로 허용하고 있다. 구글 창업자는 6%의 지분으로 51%의 의결권을 갖는다. 10배 차등의결권을 갖고 있기 때문이다.

차등의결권을 도입한 미국 상장사의 매출은 전체 상장사 평균의 1.6배, 영업이익은 1.7배에 달한다고 한다.[02] 이는 경영권에 대한 걱정 없이 대규모 자금이 투입되는 투자결정을 과감하게 내린 결과다. 기술력과 아이디어가 있는 스타트업들이 투자를 받으면 지분율이 낮아지므로 자기 자금에만 의존하는 문제를 해결할 수 있다. 재벌세습 또는 경영권 남용에 악용되지 않도록 상장 후 일정 기간이 경과하면 복수의결권을 소멸시키는 일몰제와 같은 보완책을 만들어 시행해보자.

빅블러 대기업을 늘리자

모바일, 클라우드, AI 등 디지털을 기반으로 비즈니스 전반을 바꾸는 디지털 전환은 이제 기업의 생존과 성장의 핵심과제다. AI가 단순히 새로운 기술이자 사업기회라는 차원을 넘어 미래 사회의 기본 인프라가 되었기 때문이다. 맥킨지는 2030년까지 전 세계 기업 70%가 AI를 활용할 것이며, 이로 인해 글로벌 GDP가 13조 달러 이상 추가 성장할 것으로 예상한다. AI는 막대한 부가가치를 창출하는 신산업인 동시에 기존 산업의 경쟁구도를 근본적으로 바꿀 어마어마한 동력이 될 것이다.

특히 AI로 대변되는 디지털 전환이 최근 산업 간 경계마저 허물어뜨리는 데 주목해야 한다. 예를 들어, 네이버가 포털 업체인지 온라인 쇼핑 업체인지 모호하다. '흐릿해진다'는 의미의 블러(blur)라는 단어를 차용한 이른바 '빅블러(big blur) 시대'가 도래하고 있다.

빅블러 시대에 경쟁력을 가진 기업들은 플랫폼 기업화가 되면서 대기업으로 성장할 가능성이 매우 커진다. 이제 일자리와 사업기회를 많이 만들기 위해, 대기업이 늘어나는 것을 경계하거나 대기업은 무조건 규제의 대상이라는 추격경제 시대의 낡은 금기를 깰 때가 왔다.

과거 추격경제 시대의 대기업이 아니라, 빅블러 시대를 선도하는 혁신 대기업이 늘어나도록 해야 한다. 이제 이들을 과감히 키워야 한다. 당연히 빅블러 시대 혁신 대기업은 기존의 재벌 대기업과는 그 위상이나 역할이 다를 수밖에 없다. 문어발식 사업확장이나 불공정거래를 일삼는 대기업이 아니라, 빅블러 시대에 걸맞게 세계적인 경쟁력으로 성장을 이끄는 대기업이다. 또 스타트업이나 중소기업의 해외 진출과 일자리 창출을 도우며 상생하는 대기업이다. 대기업을 늘려야 하는 이유다. 이러한 빅블러 대기업의 출현은 스타트업들이 경쟁력을 키워 '중소기업-중견기업-대기업'으로 이어지는 다양한 성장경로가 만들어질 때 가능하다.

이러한 과정에서 우선 반(反)기업 정책은 무조건 반(反)시장적이라는 금기를 깨야 한다. 대기업의 편법승계나 지배구조, 일감 몰아주기 등 불공정 행위에 대한 규제는 공정한 경쟁이 작동하는 시장을 위해서는 필요불가결한 조치들이다. 또 집단소송제나 징벌적 손해배상제 등도 기업이나 경영자에게는 부담이 될 수 있겠지만, 이를 단순히 반시장 정책으로만 봐서는 안 된다. 시장참여자에는 경영자뿐 아니라 소비자와 노동자 등도 있기 때문이다. 따라서 시장을 위해 오히려 경영자나 기업의 무분별한 행위를 규제할 필요가 존재하는 것이다.

또한 친(親)기업 정책이 무조건 친(親)시장적이라는 금기도 깨야 한다. 기업과 산업에 대한 직접 지원과 과도한 보호는 한계기업의 퇴출을 억제하고 산업경쟁력을 약화시킨다. 기업을 지원하는 것이 오히려 반시장 결과를 가져오는 것이다.[03] 이제 중소기업에 대한 지원의 틀과 방식을 생태계 조성과 간접지원으로 바꿔야 한다. 종업원 수 일정 인원 이하의 소기업과 창업 초기 기업 중심으로 지원 대상을 축소하고, 중기업에 대한 지원은 일몰제 방식으로 실시하는 것을 검토할 필요가 있다. 물론 기업을 단순히 규모로 나누는 이분법에서 벗어나 기업의 업력, 사회적 가치 추구나 ESG 활동 등 다양한 기준과 방식에 따라 기업정책을 펴는 것도 필요하다.[04]

그런 의미에서 친시장적이면서 친기업적인 정책을 적극 추진해야 한다. 기업들이 안정적으로 경영할 수 있는 환경을 마련하는 것이다. 특히, 기업가를 위축시키는 과잉처벌 조항에 대한 재검토가 필요하다. 예를 들어 배임죄는 구성요건이 지나치게 모호하고 적용범위가 너무 넓어 새로운 시각과 법률상의 정리가 필요하다.

우리나라에는 경제 관련 법규에 최고경영자를 회사와 같이 형사처벌하는 규정이 너무 많다. 기업가에게 특혜를 주어서도 안 되지만, 직원이 업무상 실수를 하거나 행정규제를 어겼다고 경영자를 인신구속형으로 처벌하는 등 과잉처벌하는 것은 가급적 지양해야 한다.

기업의 고용과 성장에서 현실적인 장애 중 하나는 상속문제다. 성장 가능성이 큰 기업들이 사업승계 때문에 공격적인 경영을 하지 못하는 경우가 꽤 많다. 이 역시 시장친화적으로 바꾸는 방안을 고민해야 한다. 상속세율을 낮추기는 어렵지만, 고용유지 의무준수 등 조건을 단순화시켜 가업승계를 용이하게 하거나 공익법인을 활용한 승계를 가능하게 하는 등의 방안을 검토할 수 있을 것이다.

중소 · 중견기업의 경제영토를 확장하자

세계는 디지털·글로벌 경제영토 확보를 위한 전쟁 중이다. 우리 중소·중견기업도 이 전쟁에 적극 뛰어들어야 한다. 이제 중소·중견기업이 내수 위주, 대기업 의존을 통해서 하는 성장은 한계에 부닥쳤다. 디지털 시대를 맞아 꽉 찬 내수시장을 넘어 해외시장에 눈을 돌려야 한다. 한국 경제의 미래는 글로벌 시장에서 통할 수 있는 경쟁력을 가진 기업을 얼마나 많이 육성하느냐에 달려 있다. 국내 시장에서 내수 위주의 비즈니스 모델을 가진 기업은 국가적으로는 제로섬 게임을 하는 것과 다름없다. 기술력 있고 글로벌 시장에서 잠재력을 가진 혁신 스타트업, 벤처, 중소기업을 발굴하여 세계 시장에 진출시켜야 경제 전체의 파이를 키울 수 있다. 이제 중소·벤처기업은 대기업에 전속되어 부품이나 납품할 뿐 독자적인 해외시장 진출은 어렵다는 추격경제 시대의 금기를 깨야 한다.

EU 중소기업 정책의 기본 틀을 벤치마킹할 필요가 있다. '작은 것을 먼저 생각한다(Think small first).'는 중소기업 환경을 세계 최고 수준으로 만들자는 EU 정상들의 비전이 담긴 '유럽중소기업법(Small Business Act for Europe)'의 핵심원칙이다. 경제정책의 중심에 중소기업을 두고 법 설계를 하며 기존의 법 환경을 개선하는 것이다.[05] 이를 벤치마킹해 우리도 경제와 관련된 법·제도를 중소·벤처, 혁신기업의 관점에서 문제를 찾아 수정하고 정비하는 것을 출발점으로 하자.

우선 중소·벤처, 혁신기업들이 산업구조 변화에 신속하게 대처할 수 있도록 사업구조 개편을 지원하자. 가령, 내연 자동차를 만드는 데는 약 3만 개의 부품이 필요하지만 전기 자동차는 1만 개의 부품이면 충분하다. 전기·수소차 등 미래차로 전환하는 과정에서 중소 자동차부품 제조기업들은 필연적으로 사업구조를 개편할 수밖에 없다. 따라서 자동차, 조선, 해운 등 기존 산업구조에서 우수한 기술과 역량을 보유한 중소·벤처기업들이 새로운 산업구조에서도 경쟁력을 가지기 위해서는 산업별 사업구조 개편이 시급하다.

디지털 혁명과 코로나19로 인한 글로벌 가치사슬(GVC) 변화에 제조업의 70% 정도가 영향을 받을 것으로 전망된다. 따라서 중소·벤처, 혁신기업들이 이에 대비할 수 있도록 디지털 기반과 R&D 지원을 강화하고 대·중소기업 간, 그리고 중소기업 간 연대와 협력도 이루어지도록 해야 한다. 기회경제의 영토 확장을 위해 디지털 전환과 함께 중소·중견기업의 범국가적인 글로벌화도 시급히 추진해야 한다. 100만 달러당 고용자 수는 대기업 2.6명인데, 중견기업은 5.1명, 수출 중소기업은 10.7명이다.[06] 그럼에도 전체 중소기업 중 수출기업 비중은 2.6%로, 독일 10%, 영국 11%, 네덜란드 9.4%에 비해 현저하게 떨어진다. 따라서 혁신벤처·중소기업의 글로벌 혁신역량과 디지털 마케팅 역량을 한층 키워야 한다.

중소·중견기업 글로벌 비즈 플랫폼을 만들자. 우선은 기존의 종합상사나 인터넷기업이 중소기업의 수출을 도울 때 인센티브를 주는 방식으로 유인할 수 있을 것이다. 나아가 중소·벤처기업과 세계시장을 연결하는 새로운 온·오프라인 플랫폼인 '종합상사' 설립도 검토하자. 이 플랫폼은 중소기업 제품의 품질인증, 유통, 마케팅, 금융, 컨설팅, 배송을 망라하는 종합적인 지원 기능을 갖추어야 한다. 온·오프라인에서 전 세계를 대상으로 중소기업 제품을 영업하는 '한국판 알리바바'인 것이다. 동시에 디지털 플랫폼을 주도하고 있는 민간 기업들이 ESG 경영전략 차원에서 자발적으로 중소·중견기업을 위한 지원 플랫폼을 구축하고 지원하도록 하자. 최근 네이버가 소프트뱅크와 합병을 계기로 소공상인의 글로벌 진출을 지원하는 것이 그 예다.

　또한 장기적으로 우리 경제의 돌파구가 될 남북 경제협력도 중소·중견기업들을 중심으로 대비해야 한다. 북한 자원의 개발, 가공, 수출을 연계한 산업클러스터 건설, 북한지역 생산품에 대한 국제 분업체계 참여를 지원할 수도 있다. 더 크게는 남북철도와 도로, 러시아 가스관, 발전 및 송배전 등을 연결하여 에너지 및 물류 인프라를 구축할 수 있다.

　한반도를 뛰어넘는 경제영토의 확장도 시급하다. 민관합동 시장개척위원회를 만들어 국내 중소·중견기업들이 새로운 해외시장을 개척하도록 다양한 지원을 해야 한다. 이는 곧 동북아 지역과 신뢰관계, 아세안(ASEAN) 개별 국가들과 양자 협력을 증진하고 북극항로가 열릴 가능성에 대비하는 수준까지 나아가야 함을 의미한다.

디지털 경제 3대 먹거리를 공략하자
―――

산업전략 측면에서도 추격경제의 금기를 깨야 한다. 과거에는 기술 사이클이 비교적 짧은(short-cycle) 정보기술 산업을 중심으로 선진국을 따라잡았다. 기술이 급격하게 변하는 산업일수록 기술수명이 빨리 소멸해 앞선 주자들을 따라잡을 여지가 생기기 때문이다. 반면 뒤따라오는 나라들로부터 추격당하기도 쉬운 단점이 있다. 우리 경제는 점점 멀찍이 앞서나가는 선진국과 무섭게 뒤쫓아 오는 중국 사이에 낀 '샌드위치'가

되어가고 있다.

이를 넘어서기 위해서는 추격경제시대 정보통신기술(ICT) 산업 중심의 먹거리를 뛰어넘어 디지털 전환에 기반을 두고 기술 사이클이 상대적으로 긴(long-cycle) 산업이 새로운 먹거리가 되도록 키워야 한다. 동시에 이제까지 충족이 덜 된 '욕구' 관련 산업들에 중점을 두어야 한다.[07] 산업혁명은 결국 사람의 자기실현, 자기표현 욕구를 실현해 가는 역사이기 때문이다. 앞으로 건강, 문화, 환경 욕구가 무한대로 커질 것이고, 인류가 공통적으로 느끼는 사회문제를 해결하는 비즈니스에 초점이 맞춰질 것이다. 이런 요소들을 공통으로 갖추고 있는 생명과학, 한류·문화 콘텐츠, 그린경제를 3대 먹거리로 제안한다.

첫째, 생명과학 분야다. 이 분야는 특히 국가적으로 전략 산업화할 필요가 있다. 2030년까지 의료·바이오·헬스산업을 GDP 30%까지 끌어올리는 전략을 짜야 한다. 8조 달러에 달하는 전 세계 의료·바이오 시장에서 우리의 점유율은 0.8%밖에 되지 않는다. 그만큼 성장가능성이 크다는 의미이기도 하다. 반면 4조 달러 ICT 시장에서 우리 점유율은 8%에 이른다. 앞선 우리의 ICT 기술과 산업을 생명과학과 연결시키면 전 세계 시장점유율을 현재보다 10배 이상 끌어올릴 수 있다. 코로나 사태를 겪으며 확인한 생명과학 분야의 경쟁력을 ICT 인프라와 결합시켜야 한다. 의·약대 졸업생 중 3%만이 의과학 연구와 창업을 하는 구조를 확 바꾸기 위해 의·약대 정원을 늘리고 정원 증원분을 의과학 분야에 진출토록 유인을 만들면 어떨까. 바이오산업 인재로 키워 수년 내에 미래 먹거리를 만들게 하는 것이다.

둘째, 한류·문화콘텐츠 산업이다. 이미 대중음악, 드라마 등에서는 눈부신 성장을 보여주고 있는 분야이다. 최근 BTS나 영화 '기생충', '미나리' 등의 아카데미 수상으로 이제는 한류가 아시아를 넘어 세계로 뻗어나가고 있다. 이젠 대중문화를 넘어 순수예술 등 한국문화 전반으로 내용과 영역을 확장시키자. 다양한 콘텐츠의 개발과 전파, 연관 산업과의 융합, 쌍방향 문화교류를 통해 지속가능한 신한류, K컬처(K-Culture)의 지평을 열어야 한다.

한류의 확산이 국가브랜드 가치제고에 끼치는 효과는 두말할 필요도 없을 것이다. 이는 단순히 문화산업뿐만 아니라 다른 일반 산업에도 연쇄적 효과를 불러일으킨다. 한류 연계 수출과 관광도 활성화시킬 수 있다. 한류를 통해 한국이 좋아지면 한국 제품을 사고, 한국을 방문하고 싶지 않겠는가. 아직까지 세계 전체로 우리의 콘텐츠나 문화가 확산되었다고 말하기는 어려운 상태다. 더 멀리, 더 넓은 세계로 진출하게 하려면 도울 건 돕고 내버려둘 건 내버려두는 유연한 정책으로 한류·문화콘텐츠 사업을 적극 육성해야 한다. 미래는 문화의 시대이다.

셋째, 그린경제다. 요소투입형 경제의 패러다임을 저탄소·친환경 기반으로 전환하자. 국제적으로 이제 개발단계이므로 우리가 서둘러 선도국가로 자리매김을 해야 한다. 2050년 탄소중립 목표를 차질 없이 추진하고 무역제한 조치, 관련 일자리 문제 등에 적극 대처해야 한다.

국제 환경보호 단체인 그린피스는 한국이 2050년까지 재생에너지로 100% 전환할 경우 144만 개의 일자리가 늘어날 것으로 전망한다. 단기적으로는 침체된 경제와 실물경기의 돌파구, 장기적으로는 새 성장동력이 될 것이다.

이와 같은 3대 먹거리 분야에서 민간과 시장의 도전과 창의가 일어나게 해야 한다. 정부는 규제완화와 간접지원 등 혁신생태계의 조성, 공공부문에서의 수요 창출, 민간이 담당하기 어려운 인재양성 등을 지원해야 한다. 특히 과거 정부의 지원을 받은 소수 대기업이 산업전략을 주도하던 추격경제 때와 달리, 사회문제 해결을 위해 새로운 접근방식과 혁신적 사고를 가진 소셜 임팩트 기업, 협동조합 등을 계속 발굴해, 이들이 3대 먹거리 분야를 포함한 우리 산업계 전반을 바꾸도록 하자.

규제공무원부터 반으로 줄이자

지금까지 모든 역대 정부에서는 하나같이 '규제개혁'을 외치며 최우선 과제로 추진해왔다. 그런데도 시장이나 국민은 피부로 느껴지지 않으며 턱없이 미진하다고 생각한다. 매 정부 집권 초기에는 엄청난 의욕을 보이나, 정권 후기로 가면서 흐지부지된다. 왜 그런 것일까? 이는 추격경제의 틀에서 40년 넘게 포지티브 리스트 방식으로 끌고 온 경제운영방식이 지금의 일하는 방식, 인센티브 시스템, 의식과 관행을 만들었기 때문이다. 그래서 시시각각으로 변하는 시장상황에 유연하게 대처하거나 단기간 내에 바뀔 수 없는 구조가 되었다. 시장상황은 바뀌었는데 구조적인 문제는 여전하고 오히려 공고해지는 것이다. 이제 규제개혁의 방법을 전면 개편해야 한다. 규제개혁은 이제까지 성공하지 못했고, 그래서 앞으로도 성공할 수 없다는 금기를 깨자.

우선, 규제를 만드는 중앙부처 공무원과 조직을 대폭 줄여야 한다. 사람과 조직이 있는 한 규제는 없어지지 않는다. 현재 규제를 만드는 조직과 공무원은 많지만, 규제를 없애는 조직과 부서는 그에 훨씬 못 미친다.

먼저 규제조직을 대폭 없애자. 규제개혁의 최대 걸림돌은 기존 규제를 만든 부처와 관련 산업, 단체 간의 이해관계다. 규제개혁이나 완화요청이 들어오면 이에 대한 1차적인 검토를 해당 부처에서 한다. 과거의 관행과 관성에 따르기 쉽다. 당연히 자기 밥그릇을 스스로 깨뜨리기는 어려운 구조일 수밖에 없다.

과거 개발연대 때 형성된 정부조직은 현실과 괴리되어 더 이상 시장의 문제를 해결하지 못하고, 미래를 선도하지도 못한다. 소속 부처의 입장만 생각하는 조직이기주의나 조직 간 담을 쌓는 사일로(silo) 현상의 뿌리에 규제라고 하는 무기가 있는 것이다. 중앙부처 공무원의 감축과 조직의 혁신적 파괴만으로도 규제의 대폭 줄일 수 있을 것이다. 유능한 중앙부처 공무원을 지역과 일선 현장으로 내려보내 현장의 어려움이 규제에서 기인한다는 것을 인지시키고 그 규제를 풀어내는 인력으로 활용하자.

여기에 더해 규제를 대폭 줄이는 목표를 설정하고 이를 추진할 거버넌스를 새롭게 만들자. 규제개혁부를 신설하고 장관을 부총리급으로 해서 규제개혁의 실질적 컨트롤타워가 되도록 하자. 지금은 청와대, 총리실, 기획재정부, 각 부처, 감사원 등 거의 모든 조직에서 관여한다. 그러다 보니 누구도 책임지지 않는 구도가 되기 쉽다. 주무 부처에서는 규제해결의 건의를 단순히 이첩하거나 부처이기주의에 따르는 의견을 개진하는 데 그칠 가능성이 높다.

규제개혁부에 부처를 실질적으로 조정하는 권한을 부여하자. 개혁대상이 되는 규제는 대부분 한 부처에서 해결하기 어려운 복합규제이거나 덩어리규제인 경우가 많다. 한꺼번에 풀어야 해결할 수 있는 문제들이다. 따라서 규제개혁부로 하여금 부처의 오랜 관행과 무사안일주의, 보신행위 등과 싸우도록 해야 한다. 또한 규제의 근거가 되는 법령의 존속 여부를 검토하고 필요하면 법을 없애는 기능을 규제개혁부가 실질적으로 담당하게 하자.[08]

규제개혁부 공무원은 기존 부처로부터 파견받거나 순환보직을 하지 않도록 하자. 돌아갈 친정이 없도록 만드는 것이다. 퇴직한 공무원이나 기업인을 활용한 규제개혁 옴부즈퍼슨(ombudsperson)을 많이 두자. 이를 통해 공무원들이 퇴직해 협회나 단체에 가는 것도 막을 수 있다. 독립성을 가진 규제위원회를 두되, 위원으로는 규제를 겪어본 사람들을 가급적 많이 참여시키자.[09] 경영자, 엔지니어, 언론인, 주부, 청년들이 적극 참여하게 하자. 동시에 감사원, 검찰, 경찰, 국회도 참여시키자. 그래서 사회 전체가 공동책임을 지고 규제개혁으로 나타날 수 있는 부작용이나 피해계층의 반발을 함께 논의하고 대안을 만들도록 해야 한다. 나중에 문제가 생겼을 때, 소관 부처와 담당자에게 모든 책임을 지우는 관행도 없애자. 규제개혁에 적극적인 공무원이 신분상 불이익을 받지 않도록 면책권을 부여하는 것이다.

국민 다수가 원하지만 개혁에 조직적인 저항을 할 수 있는 대규모 이익집단이 있는 사안은 시민공론화위원회를 활용하는 것도 적극 검토하자. 규제영향평가를 AI에 맡기자는 주장도 검토할 필요가 있다.[10] 방법도 바꿔야 한다. 전면적인 네거티브 시스템으로의 전환이 필요하지만 현행 법령체계 하에서 일시적 추진이 어렵기 때문에 우선 도입할 타깃 분야를 정해 집중하자.

3대 먹거리로 제시한 생명과학, 한류·문화콘텐츠, 그린경제나 신산업으로 부상하는 모빌리티, 핀테크, 헬스케어 등이 후보다. 타깃 분야에서 네거티브 시스템으로 전환한 성과를 체험하게 되면 다른 분야로의 파급효과가 클 것이다. 특히 네거티브 시스템으로의 전환과정에서 규제의 필요성과 효과를 공무원이 입증토록 하자. 입증되지 않는 규제는 없애는 방식으로 추진한다.

한국형 노동안정유연성 모델을 만들자

우리 경제의 기회창출력을 확충하기 위해서는 노동시장이 유연하면서도 안정성이 높아야 한다. 그런데 불행히도 우리의 경우에는 2000년대 이후 노동시장의 안정성과 유연성이 동시에 떨어지는 현상이 나타나고 있다. 추격경제 초기에는 노동시장의 이중구조 문제가 심각하지 않았지만 시간이 지나면서 크나큰 경제·사회문제로 대두되었다. 대기업이나 공공부문과 같은 1차 노동시장은 과도한 안정성과 경직성이 문제고, 중소기업 등 2차 노동시장은 반대로 지나친 유연성과 불안정성이 문제다. 2차 노동시장에 80% 이상의 노동인구가 있다.

역대 정권들이 수많은 정책을 내놓았지만, 노동유연성을 높이면 해고가 늘면서 고용불안이 커지고, 안정성을 강화하면 기업에 부담이 커진다는 금기가 발을 묶어 왔다. 이제 이러한 금기를 깨자. **중장기적으로 노동유연성이 오히려 고용을 늘리고, 노동안정성이 기업경영에 도움이 된다는 인식과 관행이 만들어져야 한다.** 우리의 경우 안정성과 유연성 모두가 부족하기 때문에 안정성 확보와 새로운 일자리·사업기회를 만들기 위한 유연성을 함께 추구해야 한다.

추격경제 시대 노동시장 구조의 틀을 과감히 깨야 한다. 이를 위해 **노동시장의 황금삼각형 모델을 제안한다.**[11] 소득안정성, 고용안정성, 그리고 고용유연성이라는 세 변으로 구성된 삼각형이 작동하는 노동시장이다. 실업급여와 실업보상을 통한 노동자의 소득안정성, 적극적 노동정책

등을 통한 고용안정성, 그리고 노동자의 기능적 배치와 구조조정까지 포함하는 고용유연성을 함께 갖춘 시장이다.

부총리 재임 때 실업급여 수준과 기간을 확대하는 예산을 편성하면서 2000년대 중반 북유럽 국가들이 정착시킨 '유연안정성'이 아니라, 안정이 앞에 오는 '안정유연성'을 주장했다. 어느 정도의 안정성 확보가 유연성 추구의 전제조건이 된다. 고용안전망이 확충되면서 궁극적으로는 근로자들이 고용조정을 받아들이고 재취업과 전직이 가능한 길을 만들어야 한다. 그래야 기업도 정규직을 큰 부담 없이 고용한다.

이때 간과하지 말아야 할 것은 **안정유연성을 큰 그림 하에서 중장기 로드맵을 가지고 추진하는 것**이다. 첫 단계에서는 절대적으로 낮은 안정성 수준을 끌어올린다. 실업급여 상한선과 지급기간의 확대, 그리고 고용보험 미가입자를 위한 실업부조제도의 도입 등이다. 다음 단계에서는 안정성과 함께 유연성을 늘리는 방향으로 나간다. 유연성은 기능적 유연성에 중점을 둔다. 작업 조직에서 배치의 전환, 탄력근로, 선택근로, 재량근로의 폭을 넓히고 노동자가 여러 직무에 숙달하도록 훈련과 경험을 쌓게 한다. 그렇게 되면 외부로부터 오는 고용조정 압력을 줄이는 효과도 있다. 더 높은 수준의 안정성이 달성되는 다음 단계에서는 해고를 포함한 수량적 유연성을 올린다. 실업급여와 재취업을 촉진하는 제도를 구비하여 해고에 대한 저항을 줄이고 노동자의 재교육을 통해 신속한 구조조정을 가능하게 한다.

이 문제의 해결을 더 이상 늦춰서는 안 된다. 지난 20년간 여러 형태의 논의가 있었지만 노동안정유연성 문제는 합의에 이르지 못한 골치 아픈 이슈다. 노동안정유연성 확보는 재정의 적극적인 역할을 통해서라도 우리 사회가 반드시 이루어야 할 최우선 과제다. 그래야 기회공화국의 문이 열린다.

일하려는 청년들을 위한 '대(大)공유' 운동

더 많은 기회를 만드는 데 큰 걸림돌 중 하나가 노동시장의 이중구조화와 함께 '구인난'과 '구직난'이 동시에 악화되고 있는 것이다. 대기업-중소기업의 임금격차와 중소기업의 일자리 미스매치가 가장 큰 원인이다. 이 문제가 기회를 더 만들지 못하게 하고 기회의 양극화를 초래하면서 지속가능한 성장을 저해하는 요인으로 작용한다.

일자리 미스매치와 임금격차를 해결하기 위해 문제의 본질을 냉정히 볼 필요가 있다. 대기업의 갑질, 단가 후려치기, 기술탈취와 같은 불공정거래나 대기업 강성노조도 원인이기는 하지만, 보다 구조적인 문제를 들여다보아야 한다.

우선, 대기업과 중소기업의 인력구성 변화에 주목해보자. 생산입지로서 국내의 경쟁력이 떨어지면서 대기업 생산라인이 해외로 이전하고 있다. 국내에서 고임금을 받는 연구개발 핵심인력 등은 늘어나지만, 생산직 인력은 늘지 않는다. 핵심인력의 보수가 높다 보니 대기업의 평균연

봉은 올라간다. 파견법이 시행되면서 대기업의 낮은 임금 일자리가 중소기업으로 이전되는 것도 원인이다. 생산라인에서는 아웃소싱 인력이 수행하는 공정이 늘어나고 있다. 일부 중견기업에서도 같은 현상이 나타난다. 대·중소기업 간 임금격차가 벌어질 수밖에 없다.

대기업 정규직의 과보호도 중요한 원인이다. 현행제도에서는 유연하게 인력을 활용하기 어렵다. 핵심역량을 갖춘 최소 인원만 고용하고 그 외 인력수요는 협력업체나 하청 중소기업을 활용해 해결한다. 산업수요에 맞는 인재양성이 제대로 안 되는 것도 문제다. 직무급 체계가 구비되지 않은 것도 중요한 원인이다. 직무급 보수체계라면 부가가치가 낮은 일을 하는 노동자도 대기업이 직접 고용할 수 있지만, 여전히 호봉제가 근간이다 보니 이런 일들은 협력업체로 넘긴다. 근속연수, 나이, 직급에 따른 임금격차는 수용하지만, 직무가치나 성과에 따른 차별적 보상에는 부정적이기 때문이다. 여기에 노조의 영향이 더해진다. 우리나라 노조가입률은 10%밖에 안 되지만 대기업 노조의 활동이 활발하다 보니 임금이 올라갈 수밖에 없다.

따라서 무조건 대기업을 가야 한다는 금기부터 깨야 한다. 중소기업을 가도 적정한 임금을 받으면서 일과 삶의 균형, 고용안정성, 여가를 누릴 수 있도록 바꿔야 한다. 물론 마땅한 정책대안을 찾기는 쉽지 않다. 그러다 보니 '대압착(Great Compression)' 주장까지 나온다. 대표적인 것이 노동시장에서 최고-최저임금을 연동시키는 방안이다. 예를 들어, 대기업의 임금상한을 최저임금의 30배를 넘지 않도록 제한하는 것이다.[12]

고율의 누진소득세, 노동조합의 권한강화 등의 주장도 제기된다. 이러한 정책대안에 대해 계약자유의 원칙을 제한하거나, 임금한도를 법으로 제약하는 것이 법적으로 타당한지 등 면밀한 검토가 필요하다는 비판도 있다.

이런 문제인식을 기반으로 두 가지 큰 방향에서 일자리 미스매치와 대·중소기업 임금격차의 축소를 추진할 수 있다. 첫째는 **산업경쟁력 제고를 통해 인력구성의 틀을 바꾸는 것이다.** 우선, 노동자에게 적정한 임금과 복지혜택을 줄 수 있는 중소기업을 많이 만들자. 앞에서 제안한 스타트업 쿠데타를 일으키고 디지털 전환과 사업구조 개편, 규제개혁, 해외 진출을 추진해야 한다. 동시에 대기업의 불공정행위나 기술탈취에 대한 강력한 대응과 함께 연구개발 인력이 중소기업에 근무할 수 있도록 하는 유인책이 필요하다. 더불어 대기업의 노동수요도 늘려야 한다. 산업 간 경계가 허물어지는 시대, 빅블러 대기업을 늘려 여기에 근무하는 노동자 수를 늘리자. 고용유연성을 제고하여 직업이동성을 높이고 대기업에서 고용이 늘어나도록 하자.

둘째는 일하려는 청년들을 위한 '대(大)공유' 운동이다.[13] 외환위기 때 우리 국민이 '금 모으기' 운동을 벌인 것처럼 일하려는 청년들을 위해서 범국민적인 성과와 이익의 공유 노력을 기울이자. 먼저 중소기업 차원에서는 근로자와 성과를 나누는 성과공유제를 확산시키자. 스톡옵션, 경영성과급, 임금수준 인상 등 여러 형태가 있을 수 있다. 실제로 성과공유제를 도입한 중소기업들은 신규인력의 채용이나 장기재직 유인 면에서

긍정적인 평가가 많았다.

또한 동반성장위원회에서 추진한 혁신주도형 임금격차 협약을 초과이익공유제 또는 협력이익공유제 형태로 발전시킬 필요가 있다. 대기업에 높은 이익이 났을 경우 일부를 협력중소기업과 나눠 기술개발, 고용안정, 해외진출 등에 도움을 주는 방안이다. 대기업의 초과이익은 협력업체의 기여뿐 아니라 기술과 디자인의 개발, 위험부담 등 여러 요인에 의해 결정되지만, 결국 대·중소기업 간 동반성장이 지속가능한 기업의 선순환 생태계를 만든다는 차원에서 자발적으로 확산되도록 하는 것이다.

대기업과 공공부문이 일정 기간 임금인상을 자제하고 그 재원으로 고용을 늘리거나 협력업체를 위한 상생기금을 만드는 방안도 확산시키자. 이러한 방안은 한국경영자총협회에서 이미 주장한 바 있고, 일부 대기업 노조에서 기본급의 일정비율을 협력업체를 위한 상생기금에 출연한 사례도 있다.

사회 전체 차원에서 공유 대안을 만들 수도 있다. 정부, 공공기관, 대기업, 금융기관 등의 협조를 통해 중소기업 근로자에게 일과 삶의 균형을 위한 건강검진, 자기계발, 휴가시설의 공동이용, 공공임대주택 우선입주권, 전월세 보증금에 대한 저금리 대출, 장기근속자에 대한 목돈마련 등을 지원하는 것이다. 언론의 역할도 중요하다. 중소기업에도 좋은 일자리가 많이 있지만, 부정적 시각의 기사가 대부분이다. 중소기업과 직원들의 역할, 다양한 혜택 등에 대한 정확한 사실 보도를 통해 사회의 인식을 전환하는 것이 필요하다.

대기업-중소기업 간 임금격차를 줄이고 일자리 미스매치를 해결하는 것은 시장경제 원리를 저해하는 제도의 급격한 도입이나 막대한 정부재정의 투입으로 풀 수 있는 문제가 아니다. 단기적으로는 상생과 연대를 기반으로 대공유 노력을 해나가고, 좀 더 긴 호흡으로는 우리 경제의 구조적인 문제를 해결하는 노력을 지속적으로 기울여 나가야 한다.

13

세습경제 금기 깨기

어려운 형편 탓에 아르바이트를 해가며 힘들게 대학을 졸업한 김한결 씨가 대기업 입사시험에 응시했다. 다른 건 나름 자신 있는데 어학시험이 마음에 걸렸다. 아니나 다를까, 시험장에 가보니 다른 응시자들 대부분은 해외 어학연수를 다녀왔다고 한다. 배점이 높은 어학시험에서 뒤처지면 합격은 어렵다. 주눅이 들어서인지 평소 독학으로 익혀두었던 회화 실력도 제대로 발휘하지 못했다.

　얼마 후 회사 측으로부터 '친절한' 불합격 통지를 받았다. 한결 씨는 생각했다. "그래, 내가 실력이 부족했지. 더 노력했어야 했어." 한결 씨가 응시한 기업에서는 '능력'에 따라 '공정'하게 신입사원을 선발했다고 발표했다. 물론 이의를 제기하는 사람은 아무도 없었다.

그렇다. 한결 씨가 응시하는 것을 방해한 사람은 아무도 없었으니 기회는 '균등하게' 주어졌다. 그리고 실력대로 선정했으니 여기에 토를 달이유는 없다. 지금까지 우리는 실력 혹은 능력을 겨루는 것이 가장 공정한 게임이라고 생각하고 계층의 사다리를 오르는 유일한 수단이라고 믿었다. 그래서 능력에 따른 차등적 보상체계가 바람직하다는 주장은 강한 설득력을 가져왔다. 그러나 한번 생각해보자. 기회가 균등하게 주어졌더라도 '기회의 조건'까지 균등한 것일까? 우리가 믿고 있는 능력주의는 정말 공정한 것일까?

어려운 형편의 어린이나 청년들은 능력계발의 기회나 교육비 감당 여력이 부족해 처음부터 동일한 경쟁의 출발선에 서지 못한다. 게임의 규칙은 공정해 보이지만, 경쟁의 시작단계는 물론이고 이후로도 실질적인 기회가 박탈되거나 불공정한 것을 감내해야 한다. 리처드 리브스는 《20 VS 80의 사회》에서 인적자본 형성기 가정환경의 차이에서 발생하는 격차를 줄여야 한다고 한다. 보건사회연구원 조사는 15세 무렵 하층이었을 때 앞으로도 하층일 가능성이 크다고 분석한다.[14] 반면, 어떤 이들은 특권적 위치에서 불공정한 경쟁의 승자가 된다. 3루 베이스에서 태어나놓고서는 자기가 3루타를 친 줄 아는 사람이 많다.[15] 예일대 마코비츠 교수는 과거 귀족은 땅과 재산을 물려받았지만, 현대의 엘리트는 값비싼 교육을 통해 '인적자본'을 대물림한다고 한다. 축적된 능력 자체가 공정하지 않아 현대판 엘리트 신분제가 만들어진다는 것이다.[16]

더 고른 기회를 만들기 위해 세습경제, 세습사회의 금기를 깨야 한다. 공정의 상징처럼 보이는 능력주의가 실제로는 불평등과 깊이 연결된다. 능력 자체가 이미 계급화되고 세습이 이루어지기 때문이다. 능력주의에서 발생하는 불평등의 해소는 국가 차원에서 접근해야 한다.

그 길은 우리 사회를 자격사회(entitlement society)에서 기회사회(opportunity society)로 바꾸는 것이다.[17] 특히, 부와 사회적 지위를 대물림하는 핵심도구 역할을 하는 인적자본 투자와 직업진출에서 다양한 기회가 제공되어야 한다. 줄 세우기가 아닌 다양한 인재 선발방식을 도입해야 하고, 나아가 '기회의 할당'까지도 과감하게 검토해야 한다. 역차별 논란이 나올 수 있지만, 세습경제에서 나오는 구조적인 문제가 워낙 크기 때문에 사회 전체적으로 일정 기간, 일정 부분 감수해야 한다.

공공부문 '철밥통'을 깨자

우리 사회는 '자리'를 쫓는 사회다. 대표적 '자리'인 대기업 정규직이나 전문직 종사자, 공무원, 공공기관 취업자 등 고임금-고용안정 직군에 진입하는 인원은 10% 내외에 불과하다. 탈락한 많은 이들은 취업과정에서 이미 절망을 맛본다. 사회의 첫 출발을 '낙오자'란 심정으로 시작하게 되는 것이다. 그렇다 보니 시트 엘리트(seat elite)가 되기 위해 가진 것을 총동원하는 무한경쟁이 벌어질 수밖에 없다. 자본, 사회적 네트워크 동원이 가능한 사람에게 절대적으로 유리한 게임이다. 결과물은 '능력'

으로 포장되고 격차는 대물림되면서 더 벌어진다.

이제 공무원, 공공기관 등 안정적인 직장을 얻는 것이 성공이라는 금기를 깨자. 바야흐로 '노동의 종말'에 이어 '직업의 종말'이 예측되면서 '사람의 쓸모'가 바뀌는 세상이 오고 있다.[18] 자리를 찾는 사람이 아니라, 상상력과 모험정신으로 스스로의 스토리를 쓰는 사람들이 신나게 일하는 장을 만들어야 한다. 부모와 출신에 따라 미래가 결정되는 구조, 사회적 이동을 막는 구조를 깨야 한다. 세습경제를 초래하는 철밥통을 깨고 기회의 문을 활짝 열어야 한다.

먼저 공무원과 공공기관 규모를 적정수준으로 조정하자. 우리 공무원 숫자가 OECD 국가들보다 적다는 통계는 다시 볼 필요가 있다. 많은 국가들이 초중등 학교나 어린이집 교사, 간병인 등 사회서비스 종사자를 공공부문에서 채용한다. 반면 우리는 민간 영역에서 채용하면서 국고에서 인건비를 지원하는 형태로 운영한다. 앞에서 이야기한 것처럼 규제를 만들고 집행하는 부처는 인력의 자연감소분을 충원하지 않고 대민서비스 부서로 전환 배치하자. 인력이 줄면 꼭 필요한 규제만 남고 나머지는 없어질 것이다. 예산도 줄이도록 한다. 규제와 예산을 줄인 실적을 인사 평가지표로 삼는다. 공무원, 공공기관의 고용과 실제 임금수준도 상세히 공개한다. 하는 일, 보수, 연금체계 등 기여와 보상에 대한 정보를 투명하게 밝히면 자기정화와 도덕적 해이 방지의 효과가 있을 것이다.

공공기관 일몰제를 제도화하는 것도 좋은 방법이다. 우리는 OECD 국가 중에서 공공기관이 가장 많은 나라다. 공공기관 수는 2013년 286개에서 2021년 350개로 64개나 늘었다. 이 같은 공공기관들이 설립목적에 충실한지를 점검해볼 필요가 있다. 여건 변화로 이미 존재가치를 상실한 곳도 있고, 설립목적을 달성했음에도 기관존속을 위해 목적에도 맞지 않는 신규사업을 벌이는 곳도 있다. 이런 공공기관은 기능을 축소·조정하거나, 일몰제를 적용해 일정 기간 후 소멸시킬 수 있다.

대기업이 계열사에 일감을 몰아주듯이 정부도 공공기관에 일감을 몰아준다. 공공기관은 독점적 지위에 안주하고, 민간의 고용창출 기회는 막힌다. 공공서비스의 선택권을 소비자에게 주어 시장에서 구매하도록 하자. 누가 그 일을 가장 잘할지 물어야 한다. 공공서비스 시장도 독과점 체제를 경쟁체제로 전환시키자. 공공기관과 민간 중 해당 기능을 더 잘 수행할 곳을 소비자가 선택하도록 하는 것이다.

공직 인사시스템도 개편이 시급하다. 일정 분야에 오래 근무하며 쌓는 전문성보다 여러 자리를 거치는 순환보직과 단기성과를 중시하는 제도나 관행을 바꿔야 한다. 자리가 자주 바뀌니 현장을 알지 못하고 살아 있는 정책이 나오지 못한다. 자료, 통계의 축적이 이루어지지 않고 조직의 정책역량이 떨어진다. 관료 트랙을 '관리형'과 '전문형'으로 나눌 필요가 있다.[19] 이때 관리형은 조직 업무 전반의 조정, 정책결정, 정무적 활동을 하는 트랙으로, 정원의 20% 이내로 제한하고 상대적으로 높은 보수를 주는 대신 정년 등 신분보장은 하지 않도록 한다. 전문형은 본인의 희망과 적성에 따라 특정 분야에 장기간 근무토록 하면서 정년과 신분보장을 하는 트랙이다. 일정 연령이 지나서는 임금피크를 적용한다. 모든 관료가 '자리'를 추구하는 시트 엘리트의 틀을 깨는 것이다.

공무원 직급체계와 임용·교육제도 개혁도 함께 해야 한다. 현재 1~9급으로 나뉜 직급을 대폭 축소하자. 임용방법도 현재의 고시를 단계적으로 축소 또는 폐지하고 민간 개방형 직위나 공모제 직위 등으로 다양하게 확대하자. 성과에 따른 보상은 분명한 차이가 나도록 해야 한다. 거꾸로 잘못이 있거나 현저하게 성과가 뒤떨어지는 경우에 강임, 감봉, 퇴출 등 역(逆)인센티브 제도의 도입도 필요하다. 일반직 공무원뿐 아니라 법조인, 경찰, 군, 교사, 지방공무원들에게도 조직 상황에 맞는 새로운 인센티브 체제를 구축해야 한다.

엘리트 순혈주의를 청산하자
———

세습경제의 큰 문제점 중 하나는 우리 사회 엘리트의 생산성이 점점 떨어지고 있다는 점이다. 끼리끼리 문화가 만연해지고 자기들만의 성을 쌓다 보니 경쟁은 제한되고 도전에 대한 동기가 없어지기 때문이다. 우리 사회에 엘리트 순혈주의를 조장하는 제도와 관행, 이익의 그물망은 너무도 촘촘하다. 공무원·법조인 임용제도는 물론이고 각종 자격증, 출신학교, 심지어는 출신지역까지 각종 직종 내에서 동종교배하며 자기들만의 리그가 만들어진다. 우리 경제 전체의 기회를 만들기보다는 리그

안에 들어가고 유지하려는 노력에 온 힘을 기울인다. 기회의 빈익빈 부익부 현상은 더욱 악화된다.

'관(官)피아' 문제만 해도 그렇다. 금융권에는 경제관료 출신들이, 교육계에는 교육부 출신들이 포진하고 있다. 대형 법무법인이나 회계법인에는 법원, 검찰, 국세청, 공정거래위원회 관료 출신들이 있고 재벌 계열사 사외이사 자리도 이들이 꿰차고 있다. '공(公)피아'도 문제다. 공기업이나 공공기관 직원이 자회사나 산하기관으로 내려가는 것이다. 이는 공기업의 경쟁력 저하와 부실 누적으로 연결되기도 한다. 결국 사회의 활력은 떨어지고 자리를 차지하기 위한 경쟁과 갈등이 극심해진다. 변화와 혁신, 도전하려는 사람들에게는 최악의 시스템이다.

이제 직종, 직업, 출신지역이나 학교별로 '뭉쳐야 산다'는 금기를 깨자. 순혈주의와 전관예우 금기를 깨야만 한다. 우선 공무원과 공공기관의 순혈주의부터 바꾸자. 공공부문 종사자의 역량배양과 퇴직 후 활용 문제까지 고려하면서 제도와 관행을 개선해야 한다. 전관예우를 받는 '전관'이 아예 배출되지 못하도록 하고, 아울러 현직 관료가 임의로 혜택을 주는 권한도 행사하지 못하도록 제도적으로 원천 봉쇄해야 한다.[20] 중앙과 지방에 분야별 싱크탱크를 많이 만들어 퇴직한 전문직 관료들을 활용하는 방법도 있다. 퇴직 후 산하기관이나 업무와 관련된 기업에 가는 대신 사회문제 해결에 기여하도록 하는 것이다. 연금혜택이 있는 만큼 적은 보상으로도 현안과 중장기 과제에 대해 연구하고 봉사할 수 있을 것이다. 퇴직한 기업인, 언론인, 교수들과 함께 프로젝트를 수행할 수도 있다. 이런 과정에서 능력이 검증되면 다시 공공부문 인재풀에 넣어 활용한다.

법조계 엘리트 생산과 활용시스템도 개혁이 필요하다. 일부 선진국처럼 평생검사제나 평생법관제의 확립을 통하여 아예 전관이 생기지 않도록 하는 방법도 있다. 법관과 검사의 정년을 일반 공무원보다 높게 한 것은 장기간 근무한 후 명예롭게 퇴직하는 구도를 상정한 것이다. 전관 변호사의 사건 수임제한 기간을 대폭 늘리고 수임제한 의무 및 선임서 미제출 변론 금지의무 등을 위반한 경우 제재를 더욱 강화해야 한다.

순혈주의가 나오는 원인의 하나인 **정보의 비대칭성 문제 또한 개선해야 한다.** 자기들만의 리그 안에 들어가면 정보의 접근성이 무한대로 높아지지만 리그 밖에는 전혀 공유되지 않는다. 정책과 통계자료들을 독점한다. 심지어는 입맛에 맞게 통계를 만들어 혼선을 일으키고 통계의 연속성도 저하시킨다. 정책과 통계정보의 투명한 공개가 필요하다. 각종 계획서, 보고서, 회의·공청회·세미나 등 자료와 토론 내용, 그리고 정책에 참여한 담당자를 공개하는 정책 및 통계실명제를 시행해야 한다.

순혈주의와 폐쇄주의는 관료나 법조인에게만 한정되지 않는다. 교육계도 다를 바 없다. 교수 채용방식이나 평가를 다양화해야 한다. '특정 대학 학부 출신이 채용의 3분의 2를 넘으면 안 된다'는 규정이 있지만 여전히 출신학교별 동종교배가 심하다. 정년까지 보장되는 직업안정성에서 비롯되는 문제도 고쳐야 한다. 대학과 공공부문 간 일정비율의 인원을 대상으로 인사교류를 제도화하는 방안도 강구할 필요가 있다. 대학교수나 연구자들이 공공부문에서 근무하고, 공무원과 공공기관 직원도 충분한 경험을 살려 대학에서 강의하는 방안을 만들자. 정책결정 및 집행 경험과 이론이 결합되어 학생들에게 전달될 때 실질적인 지식과 경험이 전수되는 한편 건전한 경쟁도 이끌어낼 수 있다.

창업과 창직의 르네상스를 열자

세습경제의 틀은 새로운 산업과 직종에서 '좋은' 일자리를 많이 만들어내면서 깰 수 있다. 무엇보다 규제개혁과 노동시장 개혁을 통해 혁신창업이 증가하고 산업의 경쟁력이 강화되면 좋은 일자리가 많이 생겨난다. 앞서 이야기한 대로 전체 근로자 중에서 높은 연봉을 받는 근로자의 비중을 높이기 위해서는 대기업이 더욱 많아져야 한다. 현재 우리 대기업 수는 전체 기업의 0.03%에 불과하고 중견기업까지 합치더라도 고작 0.13% 수준이다. 대기업만 놓고 봤을 때 미국 0.62%, 독일 0.44%, 일본 0.39%에 비하면 턱없이 적은 숫자다.[21] 대기업 수가 많아지면 협력관계에 있는 중소기업의 수도 늘어나고 직원들의 임금수준도 올라간다.

'스타트업 쿠데타'는 창업과 창직(創職) 르네상스로 연결된다. 창업과 창직이 많아지면 당연히 더 많은 기회와 더 고른 기회가 만들어진다. 특히, 청년과 중장년이 협력하여 창업하는 세대융합 창업을 장려해야 한다. 청년들의 아이디어와 끼, 중장년층들의 경험과 네트워크가 유기적으로 결합될 때 창업의 성공 가능성이 높고, 지속적으로 사업을 영위해 나갈 수 있다. 실제로 30세 미만의 창업가가 창업한 기업의 5년 생존율은 20% 미만인 것에 비해 40대 이상이 창업한 기업은 30%를 훨씬 넘는다. 이와 같은 세대융합 창업은 부와 교육의 대물림으로 인한 폐해를 줄이면서 더 많은 기회, 더 고른 기회를 만들 수 있다. 창업지원 프로그램을 연령대별로 나누기보다는 세대융합 창업을 적극 장려하고 유도해야 한다.

사회적 벤처(social venture)를 활성화해 창업과 창직 르네상스를 만드는 것도 적극 추진해야 한다. 이들은 혁신기술과 새로운 비즈니스 모델을 통해 수익을 내면서 사회문제 해결에 기여하는 기업들이다. 청년, 장애인, 경력단절 여성, 노인 등 사회적 약자에게 일자리를 제공하고 환경오염 문제 해결, 건강·의료·교육 등의 양극화 해소에도 앞장서고 있다. 현재 1,000개가 넘는 사회적 벤처기업과 1만 명 이상의 종사자가 있는 것으로 파악된다.[22] 이러한 사회적 벤처기업들이 지금보다 10배 이상 늘어나도록 해야 한다. 단순히 경영기법이 아니라, 지속가능한 발전을 위한 보편적 가치로서 ESG가 현실에 적용되는 가장 좋은 방법 중 하나이기도 하다. 앞으로 경제에 활력을 불어넣고 성장동력의 한 축으로 부상할 것이다.

일자리 증대와 함께 직업 수를 늘리는 것도 필요하다. 직장은 내가 만드는 곳이 아니라 취업하는 곳이라는 금기를 깨자. 우리나라 직업 수는 미국의 3분의 1, 일본의 2분의 1 수준에 불과하다. 창업과 창직을 장려하는 제도와 사회 분위기를 만들어야 한다. 우선 새로운 직업이 만들어지는 것을 막는 진입장벽을 허물자. 과보호와 과잉규제는 독(毒)이다. 각종 규제와 장벽을 만들어 초과이윤을 누리는 독과점 산업, 규제·면허 사업인 의료, 금융, 법률, 교육, 방송, 통신 등 주요 서비스업의 진입장벽을 낮춰 미래 먹거리와 양질의 일자리를 만들자. 변호사, 의사, 간호사, 변리사, 세무사, 법무사 등 '사' 자 직업에 대한 진입장벽도 마찬가지다. 전문 직업에 종사하는 사람들의 숫자를 제한함으로써 초과이윤을 만들어내는 일을 그만해야 한다. 새로운 직업 창출을 막는 법과 제도도 전면 개선하자.

특히, 미래 산업과 인구구조 변화에 따라 새롭게 부상하는 신(新)직업을 적극 발굴해야 한다. 최근 국내에서 증가하고 있는 다양한 신직업인 전자책 쓰기 강사, 시각정보 디자이너, 도시농업 전문가, 스마트건설 전문가, 전기·수소차 정비기술자, 육아 전문 관리사 등이 활성화될 수 있도록 초기 시장수요 창출과 함께 관련 법제도 정비도 필요하다. 또한, 국내에는 없으나 국제사회에서 주목을 받고 있는 사이버 도시분석가, 고속도로 컨트롤러 등 유망 잠재직업도 적극 발굴해야 한다.

'착한' 소득격차만 허용하자

세습경제를 해결하고 기회경제를 만들기 위해서는 노동시장에서 능력과 노력에 따른 '착한' 소득격차가 나도록 해야 한다. 모든 사람에게 돌아갈 안정적이고 괜찮은 일자리를 만드는 것은 불가능하고, 불안정한 일자리는 계속 생겨날 수밖에 없다. 노동시장에서 인공지능이나 로봇의 역할이 증대되면서 노동자는 로봇과 경쟁하는 상대적 저임금 노동자와 로봇으로 대체 불가능한 초고소득 노동자로 분리될 것이라는 예측도 있다. 이런 상황에서 비정규직을 모두 정규직으로 만드는 것이 가능할까? 가능하다고 하더라도 과연 바람직한 것일까?

모든 비정규직을 정규직으로 전환해야 한다는 금기를 깨자. 우리나라는 모든 근로자를 정규직으로 흡수할 정도로 산업 규모가 크지도 않고 비정규직이 필요한 업무도 있다. 모두 정규직으로 전환할 경우 취업준비생에게는 또 다른 불공정의 문제가 발생한다. 비정규직 형태로 있으면서 일과 여가를 병행하는 형태의 고용도 앞으로 늘어날 것이다. 오히려 좋은 비정규직을 늘리는 방법을 강구해야 한다.

고용도 늘리면서 비정규직을 괜찮은 일자리로 만드는 제도적 장치 마련도 시급하다. 예를 들어, 기업은 비정규직을 고용하되 일종의 비정규직 사용부담금으로 사용자가 고용보험료를 전액 내도록 하거나, 사용자·정부·노동자가 일정 비율로 분담하게 하는 방안도 생각해볼 수 있다. 이 재원으로 일정 기간 일한 비정규직에게 실업급여를 지급하거나, 새로운 일을 할 수 있도록 지원하는 다양한 제도를 도입하는 방안도 필요하다.

'착한' 소득격차를 만들기 위해서는 임금체계를 '동일노동 동일임금'을 향한 직무급 체계로 바꾸는 것에서부터 출발해야 한다. 우리는 정규직 내에서조차 근속연수 등으로 임금을 차등 적용하고 있다. 직무급이 노동시장에서 표준가격처럼 작동하면 동일직급의 인력고용 시 비용부담이 급격히 늘거나 줄지 않는다. 우선 공공부문부터 정규직·무기계약직·비정규직을 망라하는 직무평가의 틀을 만들어야 한다. 이어 민간부문 대표업종의 벤치마킹 직무에 대한 직무평가가 이루어지도록 유도한다. 이때 직무평가의 신뢰성 제고를 위해 평가과정 전반에 노사가 공동으로 참여해 공정하고 투명하게 평가해야 한다. 근로시간 등 근로조건의 결정에 있어서도 자기주도형 설계가 가능하도록 만들어야 한다.

저임금 일자리는 외국인 차지라는 금기도 깰 수 있다. 노동시장에 신규 또는 재진입하는 청년이나 중장년이 저임금 일자리를 기피하다 보니 주로 외국인 노동자로 채워진다. 160만 명에 이르는 것으로 추산된다. 저임금 일자리의 소득보전에 대한 과감한 발상의 전환이 필요하다. 저임금 일자리도 생계가 충분히 가능한 괜찮은 일자리로 바꿔야 한다. 우선 소득보조를 통해 국내 노동자를 흡수하고 근로장려금을 대폭 확충하면 불가능한 것도 아니다.

부총리로 재임하면서 근로장려금 지원대상과 지원액을 2~3배 정도 크게 늘린 적이 있다. 저임금 일자리에서 일할 동기가 부여될 정도로 더 넓게, 더 많이 지원하면 된다. 제대로 된 전직과 훈련의 기회도 만들어 사회적 낙인효과를 없애자. 또한 정부가 인건비를 지원하는 일자리도 최소한의 생활임금을 받도록 해야 한다. 어린이집 교사나 간병인 등 사회적 서비스 일자리가 주 대상이다. 정부가 공정하고 모범적인 고용주 역할을 하는 것이다. 이를 통해 자영업자에 대한 자연스러운 구조조정 효과도 기대된다. 동시에 외국인 노동자의 고용허가제도 정비가 필요하다. 불법 체류나 고용도 단계적으로 정리하자.

노동시장의 대전환에도 적극 대처해야 한다. 비정규직에 이어 급격히 늘어나는 플랫폼 노동자나 긱 노동자(gig worker) 등 어디에도 속하지 않는 새로운 형태의 노동이 나오고 있다. 그러다 보니 노동시장의 이중성을 넘어 다중성이 만들어지면서 새로운 차별과 사각지대가 만들어지고 있다. 이제는 노동시장, 노동조합 등도 다양한 취업형태를 반영해 새로운 접근이 필요하다. 특히 기존 복지제도에서 사회적 약자로 분류되지 않았던 새로운 고용계층에 대한 고려가 절실하다. 청년, 스타트업, 사회적 기업, 예술인 등 노동시장 주변부에 있으면서 불안정하고 열악한 근로를 하는 사람들을 위한 소득보전과 사각지대 해소는 피할 수 없는 시대적 요구다.[23]

취업, 교육 기회할당제를 확대하자

세습경제, 세습사회를 완화하고 기회사회를 만들기 위해서는 고른 기회가 다양한 방식으로 주어지도록 해야 한다. '열린' 능력주의가 필요하다. 능력주의를 바탕으로 하되, 다양한 경제적, 사회적, 정치적 약자에 대해 배려함으로써 사회의 연대성을 강화하는 것이다. 소수자와 약자를 배려하는 제도적 장치를 확대해야 한다. 우선 세습경제의 주요 통로인 교육과 취업에서 3대 기회할당제를 도입 또는 확대해보자. 다만, 이러한 제도가 특권을 지키는 수단으로 악용되거나 연줄과 비리가 개입되는 것은 막아야 한다.

먼저 지역인재할당제를 확대하는 것을 적극 검토해보자. 취업에서 다양한 인재 충원방식을 확대해야 한다. 먼저, 전국 혁신도시에 있는 공공기관이 신규채용을 할 때 지역인재 선발비율을 현행 30%에서 50%까지 높이는 방안을 적극 검토하자. 30%는 공공기관이 소재한 지역의 지방대 출신을, 나머지 20%는 다른 지역의 지방대 출신을 선발하는 것이다. 공공기관의 숫자나 경쟁력도 지역별로 차이가 있기 때문에 해당 지역출신 학생들만 선발할 경우 지역별 차등이 생기는 문제를 어느 정도 해결할 수 있을 것이다. 수도권 역차별 문제가 제기되겠지만, 지역을 살리지 않고는 우리 경제·사회의 문제해결이 불가능한 상황이다. 특히 교육과 취업 문제는 상생과 연대로 풀어가야 한다는 점을 이해시켜야 할 것이다.

다음으로 한국형 대학도시를 만들고 대학입시할당제를 시범적으로 도입해보자. 선진국의 경우 대학을 중심으로 도시가 형성되고 질 높은 교육과 연구가 만들어지면서 기업이 들어온다. 일자리가 만들어지고 예술, 문화, 스포츠 활동이 활발해진다. 젊은 시절 공부했던 미국의 작은 대학타운은 인구 10만에 불과했지만 기업과 사업장이 들어오며 역동성이 생기고 문화 등 다양한 기회에 접근할 수 있는 여건이 대도시 못지않았다. 주민들이 체험하는 삶의 질과 만족도가 높았다.

우리도 그 길을 가야 한다. 사립대 중심으로 만들어진 미국의 대학 도시와 달리 우리는 국공립대를 중심으로 추진할 수 있을 것이다. 우리 재정에서 고등교육 투자는 GDP의 0.56%의 수준으로 OECD 평균인 1.0%에 크게 미치지 못한다. 고등교육 재원을 OECD 수준으로 늘려서라도 한국형 대학도시를 만들고 지방 국립대를 살리는 데 과감히 투자하자. 필요하면 국공립 대학을 과감하게 통폐합하자. 동시에 지역의 산업, 기업, 공단과 연구소 등과 지방대학이 함께 연구하고 마케팅, 사업 확장으로까지 협업하는 산학연 클러스터를 조성하여 일할 기회, 창업·창직할 기회를 만들고 교육문제도 해결하자. 수도권 집중, 부동산 문제 해결에도 중요한 열쇠가 될 수 있을 것이다.

이러한 한국형 대학도시에 소재한 대학을 대상으로 입시할당제를 실시하는 방안을 강구해보자. 인적 자본 투자에서 줄 세우기를 최소화하고 다양한 인재선발 방식을 도입하는 것이다. 마이클 샌델은 《공정하다는 착각》에서 능력주의 폐해의 주범으로 미국 명문대학을 지목하고, 신입생의 일정 비율을 제비뽑기로 뽑자고 제안한다. 성공에 대한 운(運)의 기여를 인정하는 사람이 순전히 자기의 능력 때문에 성공했다고 믿는 사람보다 훨씬 겸손할 것이라고 주장한다.[24] 다소 극단적인 주장이기는 하나, 그만큼 현대사회 능력주의에 모순과 문제가 있음을 지적하는 이야기다.

우리도 하나 또는 몇 개 안 되는 트랙에 줄 세우는 대학입시 제도를 대학도시에서부터 바꾸는 것이다. 입시나 취업에서 시험성적이 가장 공정한 척도라는 금기를 깨는 시도를 해보자. '수능 자격시험화+가중치형 추첨제+직접 선발 제도'의 틀을 검토해볼 만하다. 네덜란드형 추첨제 모델, 미국의 심리학자인 배리 슈워츠가 제안한 '범위형 대입제도'와 유사한 형태다. 대학수학능력을 갖춘 지원자를 대상으로 성적이 가미된 추첨제를 기본으로 하는 것이다. 대학이 제시한 최소한의 수학능력을 넘

는 정도의 학생이라면 학업이나 졸업 후 삶에서도 뒤떨어지지 않는다는 연구에 기반을 두고 있다.[25]

네덜란드에서 시행 중인 '가중치형 추첨제'와 '일부 직접선발제'를 가미하는 방법이 고려 가능하다. 가중치형 추첨제는 고교 성적이 좋은 학생들이 추첨될 확률을 조금 높이는 방식으로 약간의 차등을 두는 방법이다. 또한 입학정원 중 일부 쿼터는 추첨제와 무관하게 성적이 우수한 학생을 직접 선발한다. 이 쿼터를 놓고 경쟁이 이루어지겠지만, 성실하게 공부한 학생들이 역차별 받는 단점을 보완할 수 있을 것이다. 이러한 제도는 대학도시에서부터 시도해 검증 후 확산여부를 결정할 수 있을 것이다.

또한 대학도시 대학에서 '다양성'이 만들어지도록 해보자. 계층·지역별 인구수를 기준으로 추첨인원을 할당할 수도 있다. 농촌지역, 다문화 가정이나 기초생활 수급자 등 사회적 소외계층 자녀에 대한 교육기회의 확대를 통해 사회 불평등 해소에도 기여할 수 있다.

고졸채용할당제도 도입해보자. 고졸 채용도 확대해야 한다. 고용 없는 성장에 코로나19까지 겹쳐 취업절벽이 심해졌다. 청년들이 '잃어버린 세대'로 전락한 상황에서 고졸·전문대 졸업자들은 심각한 이중 소외를 겪고 있다. 특성화고 졸업생의 취업자 비율은 2017년 50.6%에서 2020년 27.7%로 절반 가까이 떨어지고 대학진학률은 32.5%에서 42.5%로 올랐다. 중소기업에서도 특성화고 출신 인력들이 크게 줄고 있다. 열악한 처우, 사회적 차별, 인문계 고교보다 내신 평가에서 유리한 점 등으로 인하여 학생들이 대학으로 쏠리면서 '취업 사다리'가 끊기고 있는 것이다.

이제 공무원과 공공기관에서 일정 비율 이상을 고졸로 채용하는 방안도 적극 검토할 필요가 있다. 민간 기업에 대해서는 고졸 청년 채용 장려금을 별도 신설하고 공공기관 체험형 인턴 규모도 확대하는 방안을 검토해야 한다.

대학을 가지 않아도 되는 구조를 만드는 것이 필요하다. 우리나라의 대학진학률은 2008년 83.8%로 정점을 찍고 2018년 69.7%로 내려왔지만 아직도 세계 최고 수준이다. 핵심은 대학에 가지 않고 경제활동을 해도 충분히 직장을 얻을 수 있고 중산층에 진입할 수 있는 교육과 사회 시스템이다. 기술전문학교, 직업학교 교육이 중요하다. 독일, 핀란드와 같이 학생의 적성과 선택에 따라 현장실습을 통해 실전에서 바로 적용할 수 있는 기술을 가르친다. 일부 직종의 진입은 고졸자에게 일정 비율을 할당하거나 가산점을 부여하는 방법도 고려할 수 있다. 직업계 고교 출신이 경쟁력을 지닐 수 있는 현장실습에 대한 규제도 합리적으로 조정하고 생산현장을 따라가지 못하는 특성화고의 커리큘럼도 대폭 개선할 필요가 있다. 경제활동을 하다가 나중에 필요할 때 언제든지 대학교육을 받을 수 있도록 대학교육시스템도 정비한다.

물론 추첨제나 할당제로 모든 문제가 해결되는 것도 아니고, 그 자체가 목표가 될 수는 없다. 강제적인 할당이나 추첨보다는 불공정을 조장하거나 운의 영향력이 지나치게 높은 환경을 개선하는 것이 바람직한 대안일 것이다. 하지만 우리 사회의 불공정이 계속 악화되고, 경제·사회의 구조적인 문제의 해결에 너무 오랜 시간이 걸리기 때문에 일정 기간

할당제를 도입, 확대하는 것을 고민하자는 것이다. 다양성과 포용성을 우리 사회의 중요한 가치와 전략으로 생각한다면 추첨이나 할당제에 대한 소모적인 찬반 논쟁을 뛰어넘을 수 있을 것이다.

교육 '메기'를 풀자

세습경제의 핵심은 교육을 통해 신분사회가 고착화된다는 것이다. 그동안 출신에 따라 교육 성취도가 달라지고 이것이 세대를 거치며 교육세습이 이뤄지는 것을 막기 위해 교육제도를 숱하게 바꿨다. 입시제도, 대학정원, 자율형 사립고, 외국어고, 과학고, 대학 재정지원 방식, 교육 거버넌스…. 오랜 경험과 시행착오 끝에 우리는 커다란 의문을 갖게 된다. 지금의 교육구조에서 제도를 바꾼다고 과연 교육이 바뀔 것인가?

그럴 것 같지 않다. 교육제도를 바꿔 교육을 바꿀 수 있다는 금기를 깨자. 교육문제는 교육만으로 풀리지 않는다. 일자리, 노동시장, 산업구조가 함께 바뀌어야 한다. 더 멀리는 정치구조와 경제 작동원리, 사회적 자본, 문화와도 관련되어 있다. 요원한 일이다. 전혀 다른 접근방법을 써보자.

메기를 풀자. 논에 미꾸라지의 천적인 메기를 집어넣으면 미꾸라지들이 더 활발해지고 건강해진다. 기존의 제도와 구조를 직접 바꾸려 하지 말고 새로운 자극을 교육의 장에 집어넣자. **교육부 통제를 받지 않는 대**

학을 만들자. 우선, 기업에서 만들 수 있을 것이다. 학교재단이 아닌 형태의 비영리법인에서도 가능하다. 시장과 사회 수요에 맞는 시스템으로 만드는 것이다.

그러기 위해서는 등록금부터 입학정원, 학과 신설 혹은 통폐합, 정원 등 모든 면에서 규제를 받지 않는 대학을 만들 수 있게 해야 한다. 지금처럼 '같은 집단을, 같은 시간에, 같은 장소에서' 교육시키는 3S(same people, same time, same place)가 아니라 '누구나, 언제나, 어디에서나'를 모토로 하는 3A(any person, any time, any place) 대학교육의 장을 만들어야 한다. 천편일률적으로 똑같은 대학, 서울대학교를 따라가는 대학을 만들지 말고 변화하는 세상에 맞는 대학을 만들자. 전공을 잘게 나누지 말고 폭넓게 인문, 과학, 예술을 공부하는 작은 규모의 인문대학(liberal arts college)을 만드는 것도 허용하고 외국대학에게도 전향적으로 개방할 필요가 있다.

미래학자인 토머스 프레이는 지난 학기에 배운 지식이 이번 학기에 이미 쓸모가 없을 정도로 지식 사이클이 짧아지고 있다며 단기 학기의 마이크로대학을 주창한다. 전 세계가 캠퍼스인 미네르바대학도 좋은 사례다. 새 시스템은 기존 대학교육의 메기가 될 것이다. 법이나 규제 때문에 곤란하다면 굳이 '대학'이란 이름을 쓰지 않아도 좋다. 기존 대학과 서로 경쟁하게 하고 경쟁에서 살아남지 못하면 퇴출하는 길을 열어놓자.

디지털 시대에 맞는 교육혁명이 시급하다. 온라인으로 누구에게나 제공하는 교육 플랫폼을 만들면 가능하다. '교육 넷플릭스'를 만드는 것이다.[26] 국내뿐 아니라 전 세계 저명한 학자들의 교육·강의·실험·응용 콘텐츠를 제공하는 교육 플랫폼을 통해 지식과 정보가 무한대로 활용되도록 하자. 수강생들의 수료증, 성적, 강의노트, 시험, 과제물 수행내용 등을 업로드할 수 있는 오픈 앱을 개발해 정보를 공개하고, 공유할 수 있도록 한다. 교육 넷플릭스는 수도권과 지방 간, 계층 간 교육격차의 문제해결에도 기여할 것이다.

더 나아가 콘텐츠 중심의 지식 교육을 넘어 스스로 문제를 발견하고 해결하는 능력개발에 초점을 맞추자. 앞으로 정답이나 필요한 지식을 제공하는 것은 인터넷이나 AI가 할 것이다.

연금개혁 폭탄 돌리기를 멈추자

————

세습경제는 확실한 노후소득이 있는 계층과 그렇지 못한 계층 간의 연금격차 확대로 더 악화될 위험이 크다. 영세 자영업자나 비정규직 비율이 OECD 최고 수준인 우리 산업구조와 노동시장 현실을 반영하지 못한 퇴직연금과 국민연금제도는 무연금자와 연금 빈곤자를 양산하고 있다. 현재 기초연금 외에 어떤 공적연금도 받지 못하는 65세 이상 노인 비율이 60%를 넘는다. 국민연금 수급자의 평균 수급액도 40만 원 정도에 불과하다. 정부는 최근 국민연금이 2043년부터 적자, 2057년에는 적립금이 고갈된다는 전망을 내놓았다.[27] 지금과 같은 속도로 저출산과 고령화가 진행된다면 더 앞당겨질 것이라는 우려도 있다.

그러나 연금개혁은 계속 표류하고 있다. 지난 2018년 제4차 국민연금 재정계산이 실시된 후 네 가지 연금개혁안이 국회에 제출되고 경제사회노동위원회 연금개혁특위의 논의도 거쳤지만 사회적 합의에 이르지 못한 채 연금개혁은 되지 않고 있다. 연금개혁은 가장 난이도 높은 사회문제 중 하나가 되었다. 정부마다 이 문제를 정면으로 해결하려 하기보다는 결정을 미루며 '폭탄 돌리기'를 하고 있기 때문이다.

더구나 특수직역연금과 국민연금 간의 격차가 너무 커 많은 국민들은 부당하게 차별받고 있다고 느낀다. 근로 시의 임금이나 소득의 격차는 능력의 차이로 여기지만, 퇴직 후 연금격차는 불공정한 차별로 인식하기 쉽다. 공무원연금 등 특수직역연금에 대한 재정지원에 대한 비판의 소리도 커지고 있다. 이제 국민연금으로는 노후보장이 되지 않는다는 금기를 깰 수 있는 개혁안을 만들어야 한다.

가장 중요한 문제는 노후소득보장과 재정 안정성 간의 조화다. 이제까지 공적연금 개혁 논의는 재정 안정화에 초점이 맞춰지면서 노후빈곤 해소나 소득보장은 부차적인 이슈로 취급되었다. 결국 이 문제는 공적연금에 대한 국가의 재정책임 문제로 귀결된다. 국가가 공적연금 가입과 제도 내용을 강제하는 것은 단순히 국민 개개인의 노후 소득보장을 위해서뿐 아니라 노후 빈곤층을 줄여 미래의 국가부담을 줄이는 사회적 필요가 있기 때문이다.

국민연금 재정 안정화를 위한 적절한 수준의 보험료 인상과 함께 국가의 책임을 강화할 방법을 찾아야 한다. 이를 위해 사회보험의 보편적 원칙에 입각한 재원부담 기준을 각각의 공적연금법에 명확히 규정해야 한다. 개별법에 급여의 3자 부담 원칙을 규정하고, 국가·고용주·근로자의 부담 기준을 시행령에 위임하여 융통성 있게 하는 것이 필요하다. 공무원연금법의 정부 보전금 관련 규정도 이런 원칙에 따라 개정해야 한다.

공적연금 체제 전체를 함께 논의하는 문제도 중요하다. 지금까지 개혁은 개별 공적연금을 대상으로 논의했다. 그러다 보니 쟁점은 늘 겉돌았다. 개별 연금제도만 갖고 풀기 어려운 복잡한 문제들이 많기 때문이다. 연금빈곤이나 연금격차 문제는 국민연금 하나로는 풀 수 없다. 다른 연금과 함께 비교, 분석하고 조율해야만 답을 찾을 수 있다. 역할이 잘 정의되고 원활하게 작동하는 '다층 체계'를 구축해야 해결할 수 있는 문제다. 기초연금과 국민연금의 역할을 명확히 하고 퇴직연금 등으로 보충할 수 있도록 제도를 강화해야 한다.

체계적이고 구조적인 연금개혁을 위해서는 많은 준비와 노력이 필요하다. 특히 미래의 불확실한 상황을 예측하는 데서 시작하는 개혁 작업이므로 기초적인 사실관계부터 정치적 이해에 휘둘리며 왜곡되기 쉽다. 다양한 국민의 의견을 충분히 수렴하는 사회적 토론의 장이 필요하다. 개별 연금제도 짜깁기식의 개혁이 되풀이되어서도 안 된다. 공적연금을 보는 관점과 개혁방식을 바꿔, 조금 시간이 걸리더라도 정권의 시계(視界)를 넘는 노후소득 보장제도 개혁을 반드시 이루어내야 한다.

14

거품경제 금기 깨기

개인 삶의 가장 중요한 기회의 통로는 일자리, 주거, 교육이다. 이 문제들이 제대로 안 풀리니 많은 국민들이 고통을 겪는다.

기회복지국가는 더 많은 기회, 더 고른 기회, 그리고 '기회복지안전망'을 통해 국민 삶의 질을 보장하는 국가다. 여기에서 기회복지안전망은 인간으로 지녀야 할 최소한의 존엄성을 유지하면서 안정된 생활을 할 수 있도록 사회안전망을 구축해 누구나 기회를 갖도록 하는 것이다. 더 많은 기회와 더 고른 기회를 만들더라도, 현실에서는 기회를 얻지 못하거나 기회접근성이 현저하게 낮은 사람들이 나오기 때문에 반드시 필요한 일이다.

이제 기회복지안전망을 제대로 구축해야 한다. 현재와 같이 '고용 노동'이 아니라 '소득'에 기반을 둔 안전망을 통해 소득이 있는 사람들은 누구라도 적정한 방식으로 고용보험에 가입하고, 소득을 상실했을 때 고용보험의 혜택을 받을 수 있도록 하는 것이다.

기회복지안전망 구축에서는 누구든지 일자리를 통해 소득을 얻게 하되, 소득을 상실했을 때 기본생활이 가능하도록 하는 보편적 소득안전망을 만드는 것이 중요하다. 이와 동시에 소득이 늘어나도 생활의 안정을 어렵게 하는 주거비와 교육비를 줄이는 주거안전망과 교육안전망을 구축하여야 한다. 주거비와 교육비 급증이 우리 경제를 고비용 구조의 '거품경제'로 만드는 문제를 해결해야 하는 것이다.

물론 쉬운 일이 아니고, 단기간에 이룰 수 있는 일도 아니다. 역대 어느 정권도 부동산과 교육 문제로 난리를 겪지 않은 경우가 없다. 부동산은 개발과 규제를 놓고, 교육은 평등성과 수월성을 놓고 냉온탕을 오간다. 정책효과가 나타나는 사이클에 비해 정권 사이클이 짧다 보니 정권별 평가도 어렵다. 그러다 보니 많은 사람들이 수십 년 동안 교육과 부동산 '팬데믹'에 노출되어 있다고 해도 과언이 아니다.

이제 바꿔야 한다. 부동산과 교육문제에는 답이 없다는 금기를 깨야 한다. 많은 국민들이 부동산과 교육은 그야말로 '노(No)답'이라는 실망과 허탈감에 시달리고 있기 때문이다. 이를 위해서는 추격경제나 세습경제뿐 아니라 '거품경제'의 금기를 깨야만 한다. 많은 국민들을 교육과 부동산 문제에서 자유롭게 해주어야 한다. 거품경제를 해소해서 주거안전망과 교육안전망을 구축하면 소득안전망과 결합되어 튼튼한 기회복지안전망 체계를 마련할 수 있다.

수도권 올인 구조를 뒤집자

수도권 인구는 전체 인구의 50.2%를 차지한다. 수도권 집중과 저출산이 계속된다면 전국 기초지자체 228개 중 50%에 가까운 105개가 30년 안에 사라질 것이라는 전망도 나온다. 수도권이 우리 경제의 모든 기회를 빨아들이고 있다. 이런 식으로 수도권 집중이 지속되면 부동산과 교육 등 치솟는 고비용을 우리 경제가 감당하기 어렵다.

수도권의 주택수요를 양적 공급으로 대응하는 것은 사실상 불가능하다는 진단이 많다. 효율적인 공급대책은 계속되어야 하지만 수도권 인구를 지방으로 분산하지 않으면 근본적으로 해결하기 어렵다. 지방에 일자리가 많고 살기 좋다면 굳이 수도권으로 몰리거나 서울 부동산이 투기대상이 되지도 않을 것이다. 지역에서도 수도권이 누리는 교육·의료·문화 환경을 누리고 고용창출과 혁신구조를 만들도록 해야 한다. 그래야 우리 경제의 기회창출력이 커지고, 기회가 더 고르게 주어질 수 있다. 이제 지방에서는 교육도, 취업도 어렵다는 금기를 깨자.

우선 수도권 일극(一極) 체제를 바꿔야 한다. 위기의 지방을 살리는 것이다. 핵심은 자치와 분권이다. 국토공간의 다변화, 다양화를 통해 수도권의 경쟁력을 해치지 않으면서 지방의 특성을 살려나가는 다극(多極) 분산체제로 나아가야 한다. 광역지방자치단체를 넘는 초광역권 협력을 통한 규모의 경제와 시너지 효과를 만들자.[28] 최근 지방정부들이 인접 지역과 경제·행정을 통합하는 '초광역화'를 통해 경쟁력 높이기에 나선 것은 바람직한 일이다.

대전, 광주, 대구, 부산 등을 중심으로 한 지방의 대도시권이 필요하다. 대도시권에 집중투자와 거점개발을 하고, 여기서 나오는 성장의 이익을 중소도시들과 나누어야 한다. 중소도시 또한 주변 농어촌과 연결되어 거점개발로 발생하는 이익들이 흘러 내려가게 해야 한다. 그렇게 되면 대도시권은 주변 지역들에게 양질의 일자리와 고등교육의 기회를 주며 문화와 의료서비스도 제공하게 된다.

수도권에 집중된 국가기능의 지방 이전을 가속화하자. 입법부·행정부·사법부를 대표하는 기관들은 모두 세종시로 이전하자. 우선 대법원과 헌법재판소를 이전하자. 청와대와 국회는 위헌 시비 때문에 당장 이전이 어렵다면 단계적으로 추진하자. 과도기적으로 세종시에 청와대 분원을 설치하고, 국회의 상임위는 세종에서 개최하고 본회의만 여의도에서 여는 등 지방분권의 의지를 보여주어야 한다. 아직 이전하지 않은 정부 부처를 포함, 더 많은 국가·공공기관들을 이전하고 수도권에 있는 대기업 본사 및 공장들의 지방 이전을 유인하는 과감한 정책을 펴자.

수도권보다 지역균형발전을 위한 공공투자를 대폭 확충해야 한다. 국가균형발전을 주장하면서도 그 방향에 역행하는 인프라 투자와 교육정책을 뒤집어야 한다. 3기 수도권 신도시개발, 수도권 광역교통정책, SKY를 포함한 수도권 대학에 대한 투자 등을 바로잡아야 한다. 이를 위해 중앙정부가 행사하고 있는 경제행정권을 비수도권 지방정부로 과감하게 이양하자.[29] 중앙정부는 지방정부가 경제행정권을 부적절하게 행사할 때만 개입하여 시정조치를 하면 된다. 그 이외에는 모든 경제행정의 의사결정과 집행이 지방정부 차원에서 이루어지도록 조정할 필요가 있다. 수도권에 몰려 있는 기업의 지방 이전 촉진에도 도움이 될 것이다. 지방세수의 확충도 필요하다. 지방정부가 기업을 유치하면, 해당 지역의 생활·교육환경을 대폭 개선할 수 있도록 지방정부의 조세수입이 함께 증대돼야 한다. 소득세와 법인세를 비롯해 주요 조세수입을 중앙정부와 지방정부가 적절한 비율로 공유하는 방안 등을 검토할 필요가 있다.

지방도 균형발전을 가로막는 '공범'이 될 때가 많다. 대규모 지역개발 공약을 제시하고 중앙정부로부터 예산을 확보하는 일에 총력을 기울인다. 지역 장학재단은 서울 소재 대학에 들어가는 학생들에게 장학금까지 지원한다. 지방부터 바뀌어야 한다. 특히, 앞서 말한 초광역화에 적극적인 지지와 협력의 자세를 보여야 한다. 나아가 지역 산업에 AI와 빅데이터, 로봇 등의 최첨단기술을 도입하여 지방으로 기업 본사 기능이 이전되고 창업과 일자리가 생겨나는 환경 조성에 역량을 집중해야 한다.

1가구 1주택 꿈을 이뤄주자

부동산 문제는 뿌리가 너무 깊다. 백약이 무효인 것처럼 보이기까지 한다. 모든 문제를 정쟁의 도구로 삼는 정치가 개입하면서 근시안적인 판단을 하고 '샤워실의 바보'가 되기도 한다. 물을 틀어 찬물이 나오니 뜨거운 물이 나오는 쪽으로 수도꼭지를 휙 돌리지만 너무 뜨거운 물이 쏟아져 다시 찬물로 돌리는 행위를 반복하는 것이다.[30]

주식이나 부동산 등 자산가격을 정부가 원하는 대로 통제하는 것은 불가능하다. 정부는 시장에 개입하여 가격을 통제하려는 시도 대신 시장의 질서와 원칙을 세우는 역할을 해야 한다. 무엇보다 땜질식 처방이 아니라 부동산시장 상황과 주거·거래 행태에 대한 면밀한 분석을 통해 일관된 시그널과 예측 가능성을 시장에 주어야 한다. 이와 같이 엄격한 심판을 하는 동시에 시장에서 뒤처지는 사람들을 위한 정책을 만들어야 한다.

이제 '1가구 1주택'은 삶의 기본권이라는 인식이 필요하다. 내 집 마련의 꿈을 이룰 수 있도록 해야 한다. 전체적으로 보유세를 높이는 것, 특히 다주택자나 법인이 가진 부동산에 대한 보유세를 높이는 방안을 생각해볼 만하다. 반면, 1가구 1주택 등 실거주 주택의 보유세 부담은 낮추고 집 1채 가진 고령자나 소득이 없는 소유자에 대한 보완책도 마련해야 한다. 세금 인상폭의 제한, 일부 감면, 납부유예 또는 집을 처분하거나 상속할 때 내게 하는 방법도 있다.

주택이 노후보험 역할을 하는 세대에 도움이 되도록 해야 할 것이다.

주택 지분 일부를 담보로 하는 주택연금으로 현금흐름을 만들어주는 방식도 있다. 다만 이 과정에서 '똘똘한 1채' 수요를 자극하는 부작용을 최소화하도록 제도를 설계할 필요가 있다.

'내 집 마련'이라는 꿈을 이루기 위해서는 집값이 싸야 한다. 주택공급을 대폭 늘려야 한다. 핵심은 임대사업자 보유주택을 시장에 공급물량으로 내놓게 하는 것이다. 그러기 위해서는 주택 임대사업자에 대한 세금특혜를 전면 폐지해야 한다. 세금특혜를 폐지하면 2020년 기준 전국의 160만 채, 서울만 해도 50만 채에 이르는 임대주택 중 상당수가 매물로 나올 것으로 기대된다. 여기에 공공이 보유한 부지 등에 아파트를 건설하여 낮은 가격으로 공급하는 방법도 중점 추진한다. 예컨대 용산미군기지 일부 부지에 연구·벤처단지와 함께 고층 아파트를 건설하여 청년과 신혼부부들에게 저가로 공급하는 방안 등이다.

주택공급을 늘리되, 대규모 택지를 민간 건설사에 팔지 말고 공공이 택지를 보유하는 주택공급을 늘려야 한다. 거주자에게 일정 지분을 제공하는 다양한 형태의 공공택지주택도 더 보급하자. 시세보다 훨씬 싼 가격, 심지어는 반값 정도의 아파트를 분양, 공급하는 방안에 대해 고민할 필요가 있다. 토지는 공공이 소유하고, 건물을 분양하되 토지에 대한 임대료를 받는 형태의 토지임대부 주택이나 LH와 분양자 간 절반씩 지분을 갖는 공동명의 주택 등이다. LH는 소유지분에 대해 임대료를 받아 토지개발비를 회수할 수 있다. 내 집 마련에 대한 욕구를 일정 부분 충족시켜 주면서 시세 차익의 일부를 인정하는 형태가 된다.

경제적 능력이 넉넉하지 못한 계층을 위한 사회주택도 많이 지어야 한다. 이미 우리도 청년주택 내지 신혼주택 프로젝트들이 시작되었다. 이런 모델을 더욱 확장하여 곳곳에 사회주택을 많이 짓자. 또한 저소득층뿐 아니라 중산층이 살 만한 공공임대주택을 대거 공급할 필요도 있다. 법이나 행정조치로 임대주택의 임대료를 규제하거나 임대차 기간을 늘리는 것은 근본적인 해결책이 되지 못한다. 20년 장기임대주택, 영구임대주택의 공급도 필요하다. 공공임대의 상당부분을 외곽이 아니라 역세권 등에 만들어야 한다. 20년 이상의 장기임대에서 재무모델이 나오기 위해서는 입주자로 구성된 사회적 협동조합이나 비영리법인, 사회적 기업 등을 운영 주체로 하는 방안도 적용 가능하다.[31]

이러한 주택공급에 맞춰 실거주 주택매입에 소요되는 자금은 장기할부주택 금융제도를 통해 충당하게 하는 제도도 적극 활용해보자. 일정한 소득수준의 가구들이 최소한의 계약금을 치르는 것만으로 주택을 구입하고 주택을 담보로 금융기관에서 저리로 대출받아 잔금을 내는 것이다. 20~30년 이상 장기에 걸쳐 매월 일정한 원리금을 상환하게 하면 많은 전·월세 입주 가구들이 주택을 구입할 수 있다. 반면에 다주택자나 임대주택사업자 등의 주택 관련 대출은 원천적 금지 수준으로 엄격하게 규제한다. 주택 공급을 확대하되 다주택자들이 주택 소유를 늘리는 것은 제한하는 것이다.[32]

1가구 1주택 꿈을 현실화시키는 과정에서 정부의 한층 적극적인 역할이 필요하다. SOC 등 경제정책에는 재정을 많이 투입하면서 국민 모두의 삶과 직결되는 부동산 문제는 규제에 중점을 두어온 게 사실이다. 이제 주거복지에 대한 재정투자를 대폭 늘려야 한다. 공공주택 건설 재원은 정부가 책임을 지자. 지금은 일반회계에서 지원이 미미한 수준이어서 사업시행자가 스스로 돈을 마련해야 한다. LH가 공공택지를 조성해 민간에 택지를 매각하거나 아파트를 분양하는 이유도 여기서 돈을 벌어 공공임대사업 비용을 조달해야 하기 때문이다. LH에 땅장사와 집장사를 강요해온 셈이다. 우선은 40조 원 가까운 주택도시기금 여유자금을 재원으로 하되, 중기적으로는 일반재정에서 대규모 투자를 해야 한다. 필요할 경우 국채를 발행해 국민연금 등 공적연금의 투자를 끌어내는 방법도 강구해야 한다.

부동산 내전, 끝낼 수 있다

1가구 1주택의 꿈을 이룬다고 부동산과의 전쟁이 끝나는 것은 아니다. 부동산 거품은 언제든지 생길 수 있다. 근본적인 해결책은 결국 부동산 불로소득이라는 구조적인 문제를 해결하는 것이다. 그동안 우리는 부동산 문제를 아파트값 상승문제로 압축하고 불안정한 시장상황 잠재우기에 주력해왔다. 현상만 쫓으며 단기대책에 치중한 것이다.

아파트나 건물 가격은 깔고 앉은 토지에 의해 좌우된다. 오래된 건물이면 가치가 떨어져야 하는데 재개발이나 재건축 기대로 토지가격이 오르면서 건물 가격도 오른다. 토지가격은 소유자의 기여와는 상관없이 한정된 공급과 사회발전, 정부 정책 때문에 오르는 것이다. 문제의 본질은 사회적 요인으로 오른 토지가치의 불로소득의 귀속에 있다. 인생의 성공이 불로소득에 달려 있다는 금기를 깨자. 결국 토지에서 나오는 불로소득을 환수하는 시장친화적인 토지공개념 도입이 필요하다.

토지의 불로소득을 줄이는 다양한 대안에 대한 사회적 논의를 시작하자. 최근 '국토보유세' 도입 주장이 나오고 있다. 모든 경제활동은 토지 위에서 전개되는데 토지는 인간의 노력으로 만들거나 생산한 재화가 아니므로 국토의 권리를 모든 국민이 공평하게 가져야 한다는 취지의 주장이다. 대안의 내용은 땅을 소유한 모든 개인과 법인에게 소유한 만큼 세금을 부과하자는 것이다. 즉 토지의 공공성과 합리적 사용을 위해 토지소유권 중에서 사용권과 처분권은 인정하되, 수익권 일부를 세금으로 거둔다. 토지를 공공의 재산으로 하자는 것이 아니라, 토지에서 얻는 불로소득 일부를 공공 재산으로 만들자는 주장이다. 건물이 아닌 전국의 모든 토지를 용도 구분 없이 인별(人別) 합산하고 공시지가를 기준으로 해서 비과세 감면 없이 누진세율로 공평과세 한다. 그 대신 종합부동산세는 폐지한다.

여러 논란이 예상된다. 토지를 소유한 전 국민에 과세하는 내용이어서 조세저항 문제가 생길 수 있다. 특히 투기 목적이 아니라 주거 목적으로 주택을 구입한 실수요자의 반발이 클 것이다. 이 문제의 해결을 위해 기본소득이나 국민배당과 연계하자는 제안도 있다. 토지소유자로부터 걷은 세금을 국민에게 다시 균등하게 나눠주자는 것이다. 한 연구

결과에 의하면 국토보유세수를 15.5조 원으로 추정하고, 이를 재원으로 1인당 연간 30만 원씩 지급하면 전체 가구의 94%가 순수혜를 본다. 사례별 손익을 계산하면, 공시가격 10억 원 이상의 토지를 소유해야 세금부담이 늘어난다.[33] 공시가격 10억 원인 토지의 국토보유세는 270만 원으로 토지배당 120만 원(4인 가족)을 제외하면 실제 내는 보유세는 150만 원이 된다. 따라서 현재 토지분 재산세가 113만 2,800만 원인 것을 감안하면 36만 7,000원의 순손실을 보게 된다는 것이다. 2021년 다른 연구에 의하면 약 90% 세대는 세금으로 내는 금액보다 받는 금액이 많고 시가 15억 원 주택을 보유한 1주택자의 경우도 순수혜를 본다고 한다.[34]

비슷한 취지로 '지대세(地代稅)' 주장도 있다. 부동산에서 발생하는 과잉 불로소득을 세금으로 걷는 방식이다. 부동산 수익률을 정기예금 금리 기준으로 하고, 주택을 양도할 때 이 수익률을 넘는 소득을 세금으로 환수하자는 것이다.[35] 최근에는 '기본소득 토지세' 법안도 발의됐다.[36] 배당 가능 토지세액을 연 33.5조 원으로 추정하고 국민에게 1인당 연 65만 원을 지급한다는 구상이다. 시가 15억 원 미만 1주택자까지는 순수혜를 본다고 주장한다.

부동산에서 발생하는 불로소득에 대한 과세를 주장하는 전문가들은 국토보유세나 지대세가 다른 조세보다 세금의 전가가 어렵고 주택가격 안정 효과를 기대할 수 있다고 한다. 사회적 불평등을 완화하고 기업의 경우 토지비용의 안정화에 따른 비용의 절감 등 효과가 있을 것으로 예상하기도 한다. 반론도 만만치 않을 것이다. 우선 헌법상 국민의 재산권(제23조), 자유경제 시장질서(제119조) 등과 상충한다고 볼 소지가 있다. 또한 재산세 등 기존 조세체계를 전반적으로 조정해야 하는 문제도 있다. 소득이 전혀 없는 토지보유자나 미실현이익에 대한 과세라는 점에서도 논란이 예상된다.

부동산과의 전쟁을 종식시키기 위해서는 부동산 불로소득을 효과적으로 차단·환수하고 모든 국민에게 토지에 대한 권리를 평등하게 부여하는 방향으로 나아가는 것은 충분히 검토할 만하다. 국민배당형 국토보유세가 논의의 출발점이 될 수 있겠지만, 좀 더 심층적인 연구와 사회적 논의를 필요로 한다. 우선 중립성, 경제성, 투명성, 공평성 등 조세원칙에 부합해야 한다. 지금보다 많은 가구가, 지금보다 더 혜택을 받도록 다양한 대안을 설계하고 사회적 논의를 충분히 하는 것이 필요하다.

만일 토지에서 발생하는 불로소득을 환수한다 하더라도 기본소득 재원으로 활용하는 내용으로 한정할 필요는 없을 것이다. 기본소득 자체에 대한 구체적 논의나 국민적 합의가 이루어지지 않은 상태이기 때문이다. 대다수 국민에게 혜택을 주는 재정의 다른 프로그램과 연계시킬 수도 있을 것이다.

대학이 아니라 학생을 지원하자

한편에서는 사교육비가 엄청나게 늘면서 가계 부담이 커지는데, 다른 한편에서 10년 넘게 수업료가 동결된 대학들은 교육부의 재정지원에 목을 맨다. 정부 의존도는 커져만 가고 규제로 숨이 막힌다. 많은 교수들은 연구용역을 따는 기계가 된다. 대학에서 창의와 도전, 다양성이 일어날 싹을 자른다. 가장 큰 피해자는 학생들이다. 대학에 들어가기 위해 암기식 과잉교육에 힘을 쏟지만, 대학에 들어가서는 제대로 된 교육을 받지 못한다. 대학은 졸업장을 따러 가는 곳이고 산업수요에 맞는 인재양성을 하지 못한다는 금기를 깨자.

대학교육의 지원방식을 '대학 지원'에서 '학생 지원'으로 전환하자. 대학에 재정지원을 하니 지금의 구조가 전혀 바뀌지 않는다. 일부 대학의 경우 한계기업이 지원을 받아 연명하는 것과 같다. 학생은 4~5년간 볼모로 잡히고 학과나 교원 조정은 되지 않는다. 대학의 전체 정원만 관리하고 학과 정원과 통폐합, 신설 등 관리는 자율에 맡기자.

가장 중요한 기준은 학생의 선택이다. 예를 들어 반값등록금 지원도 대학에 할 것이 아니라 학생에게 직접 하는 것이다. 학생은 전체 정원 또는 학부제 정원으로 입학해 원하는 과를 선택하도록 한다. 지원된 반값등록금은 일종의 바우처 역할을 하게 된다. 수요에 따라 학과 조정이 일어난다. 학문의 특성상 존속이 필요한 학과는 별도로 지원해 유지되도록 한다. 특성화대, LINK, 국제화 선도대 등 여러 유형의 대학 재정지원도 통합해 학교가 아닌 학생에게 지원한다. 학생의 선택에 의해 특화된 프로그램들이 작동하도록 한다.

민간 장학재단이 대학혁신을 재정적으로 지원하도록 유도하자. 기업가 중에서는 빌 게이츠나 마크 저커버그처럼 교육에 기여하려는 뜻을 가진 사람들이 많다. 민간 장학재단을 만들어 장학금 일변도 지원이 아니라 학습혁명을 지원하도록 한다. 한편, 대학 구조조정 전략도 만들어야 한다. 질서 있는 퇴출구조를 만들기 위해 사학재단이 청산할 경우 잔여재산이 전부 국고로 귀속되는 제도를 바꿔 재단에서 일부 가져갈 수 있도록 바꾸자.

대학입시와 관련해서도 대학 지원의 틀을 바꾸는 시도를 해보자. 앞에서 한국형 대학도시에 소재한 대학을 대상으로 입시할당제를 제안했다. 여기에 참여하는 국공립대학에는 중점적으로 재정지원을 하고 해당 지역 내 사립대학 중에서 자율적으로 입시할당제를 도입하는 대학에도 지원을 하면서 인재선발 방식을 다양화하도록 시도해보자.

교육 수요자 반란을 일으키자

사교육비 팽창에 따른 교육비 거품을 꺼트리거나 교육개혁을 하려는 노력들은 그동안 주로 교육공급자 위주로 이루어졌다. 그러다 보니 교육 수요자의 입장과 의견이 반영되기 힘든 구조가 만들어질 수밖에 없었다. 이제 교육개혁은 교육전문가에 맡겨야 한다는 금기를 깨자.

수요자 중심의 교육개혁 거버넌스를 만들자. 교육 금기를 깨는 의사 결정의 주체로 정권의 임기를 넘는 국가교육위원회 설치를 제안한다. 이미 비슷한 이름의 대통령 자문기구가 있지만, 실질적 역할을 할 수 있게끔 권한과 책임을 가진 독임제 위원회로 만든다. 위원의 임기는 대통령과 국회의원의 임기보다 훨씬 길게 해서 정권이나 정치권의 영향을 받지 않도록 한다. 예컨대 10년 임기로 하되 위원들의 임기는 순차적으로 만료되도록 하는 것이다.

위원은 교육전문가만이 아니라 미래변화에 따라 어떤 교육과 인재가 필요한지 논의할 수 있는 다양한 민간전문가들로 구성한다. 올바른 가치와 철학을 심어줄 수 있는 사람, 역사의 흐름을 읽는 사람, 4차 산업혁명과 디지털 혁명의 한복판에 있는 경영자와 엔지니어, 국제적 마인드를 가진 사람, 미래인재의 수요자, 교육혁신가, 교육수요자 등이 주축이 되도록 한다. 교육부 존폐 여부를 포함한 교육정책 방향도 국가교육위원회의 논의에 따르도록 한다.

교육을 바꾸는 것은 교사들이 그 주체와 핵심이 되도록 하자. 학교 내 관료주의와 계층구조부터 바꾸자. 학교 자치를 최대한 확대하고 학교 현장의 규제를 대폭 없애자. 학교 자치는 자율형 공립학교에서 더 나아가 차터스쿨이나 아카데미처럼 학교 경영 자체를 민간에 위탁하는 방향까지 가야 한다. 새로운 아이디어와 의욕을 가진 교육자들이 공립학교를 새로운 방식으로 운영하고자 할 경우 재정지원을 하면서 경영을 위탁한다.

교사가 변화의 중심에 서서 다양한 혁신이 교육현장에서 일어나도록 하자. 교사의 권위와 전문성이 존중받도록 해야 한다. 지금처럼 가장 우수한 인재들을 교사로 뽑아놓고 교육부와 교육청의 눈치를 보게 해서는 안 된다. 교사의 승진제도를 없애거나 단순화시켜 교사는 가르치는 일에 집중토록 하자. 석사학위 취득 등 승진조건, 각종 행정업무, 순환근무 등도 개선책을 만들자. 교수학습 방식의 변화에 투자가 이뤄지도록 하자. AI가 지원하는 맞춤학습시스템을 도입하여 교사들이 학생 개인의 수준에 맞춘 교육을 할 수 있도록 전문교육, 역할교육을 시키자.

교사들이 스스로 바뀌게 하는 것도 중요하다. 빠르게 바뀌는 세상에서 학생들보다 오히려 교사가 적응하지 못하고 뒤떨어지는 문제를 해결해야 한다. 교육이나 훈련, 퇴출방안을 만들어야 한다. 한편, 교사의 철밥통 문제도 고쳐야 한다. 사범대학이나 교육대학을 나와야만 교사가 되고 한번 교사는 영원한 교사라는 틀을 깨야 한다. 교사가 되는 길을 보다 다양한 경쟁구도로 만들어야 한다. 경영능력이 뛰어난 외부 행정가, 기업인 등도 교장을 맡아 학교 경영을 할 수 있도록 하자.

일선 학교와 대학에 적용되는 규제에 대해서도 특단의 조치가 필요하다. 교육규제의 개혁을 교육당국에 기대하기는 어렵다. 자기 밥그릇 깨는 일을 맡기지 말고 이해의 연결고리를 끊자. 앞서 제시한 부총리급 규제개혁부에서 전담토록 하자. 교육과 경제는 뗄 수 없는 불가분의 관계에 있다. 인적자원은 중요한 생산요소인 동시에 경제주체 그 자체다. 경제와 사회의 발전, 그리고 국가의 미래를 보며 규제문제를 다룰 수 있도록 아예 교육규제를 다루는 거버넌스를 바꾸자.

보편적 소득안전망을 구축하자

기회복지안전망은 앞에서 얘기한 교육안전망, 주거안전망과 함께 보편적 소득안전망이 갖추어져야 제대로 구축된다. 가장 중요한 것은 근로능력이 있으면 누구라도 일을 해서 소득을 얻도록 하되, 보편주의 원칙의 사회보험제도를 통해 소득단절의 위험에 처한 사람들을 보호하는 것이다. 실업자는 고용보험의 실업급여 등을 통해, 고용보험 미가입자는 실업부조를 통해, 그리고 아무 데도 해당되지 않는 계층은 국민생활 기초보장을 통해 소득단절의 위험으로부터 보호하는 것이다.

이러한 보편적 소득보장제도 문제는 크게 사각지대의 해소와 실질적 소득보장으로 압축된다. 그동안 우리 사회안전망은 사각지대 문제를 제대로 해결하지 못했다. 고용보험 미가입자나 고용보험 수급기간이 끝나고도 여전히 실업상태에 있는 사람, 그리고 빈곤 노인이나 비경제활동 인력 등이 존재한다. 나아가 새로운 노동형태로 등장한 배달 플랫폼 노동자 등 특수 노동자, 비정규직 노동자, 그리고 자영업자의 소득안전망도 함께 고민해야 할 시기이다. 기존의 고용·피고용 관계 중심에서 이제는 소득 중심의 사회안전망 강화로 프레임을 바꿀 필요가 있다.

우선 '전 국민 고용안전망'이 필요하다. 특수고용 노동자 등 저소득·불안정 노동자들을 고용보험 울타리 안으로 들어오도록 해야 한다. 이를 위해 임금 기준이 아닌 가입자의 소득과 기업의 이윤 기준으로 고용보험료 부과체계를 개편해야 한다. 소득이 있는 사람들은 누구라도 적정한 방식으로 고용보험에 가입하고, 소득을 상실했을 때 고용보험의 혜택을 받을 수 있도록 하는 것이다. 소득 기반으로 보험체계를 바꾼다면 플랫폼 노동의 고용주 문제, 자영업자 문제 등을 해소할 수 있게 된다. 또한 4차 산업혁명이 진전되면서 실업과 비정규적 노동이 늘어날 가능성이 크기 때문에 기본생활을 보장해주면서 직업능력 배양과 직업전환을 지원해주어야 한다. 이를 위해서는 무엇보다 전 국민에 대한 소득 파악이 필수적이다. 현재 세금은 국세청, 4대 사회보험료 징수는 국민건강보험공단, 저소득층 지원은 보건복지부와 지방자치단체, 부동산은 국토교통부가 관리하고 있다. 각 부처가 관리하는 이 시스템을 통·폐합해서 기존 또는 새롭게 생성되는 데이터를 통합 관리하는 방안을 적극 강구해야 한다.

또한 2021년부터 시행되는 한국형 실업부조인 '국민취업지원제도'의 좁은 적용범위, 낮은 급여 수준, 짧은 수급기간 문제 등을 종합적으로 재점검하여 전 국민 고용보험을 제대로 뒷받침하는 포괄적 실업부조가 되도록 하는 것이 중요하다. 또한 실질적 소득보장이 되도록 실업급여와 실업부조의 수준을 단계적으로 상향조정해야 한다.

이러한 사회보험 성격의 소득보장제도 외에 일정 연령대, 일정 계층이 대상이 되는 특정 복지수요도 충족시키면서 기회복지안전망을 만들어가야 한다. 아동수당, 장애인수당 등과 같은 사회수당과 보육, 교육, 의료, 요양, 주거복지 등 주로 사회서비스와 관련된 부문들이다. 가급적 근로유인을 강화하는 방향에서 현금·현물급여가 제공되도록 해야 한다.

나아가, 개개인의 창의성과 잠재력을 키워나가기 위한 직업훈련과 일자리 알선, 평생교육을 포함한 적극적 노동시장 정책을 통해 개개인의 직업능력과 잠재력을 강화하는 것도 기회복지안전망의 중요한 부분이다. 이는 인적자본과 사회적 자본을 확충하여 경제의 혁신을 가능하게 함으로써 더 많은 기회와 더 고른 기회를 만드는 중요한 기제가 된다.

보편적 복지국가를 향한 기회복지안전망을 구축하려면 GDP 대비 복지재정 규모가 커질 수밖에 없다. 재정건전성을 우려하는 목소리가 이해는 되지만, 일자리 문제나 양극화 수준을 감안할 때 이제는 사회안전망의 구축에 과감히 투자해야 한다. 우리 재정의 역사적 맥락에서 보더라도 지금은 과감한 투자를 할 때다. 우리의 재정 건전성은 오랜 기간 국민의 헌신과 희생에 기반을 두어왔다. 우선순위 문제이기는 하지만, 경제성장기를 거치면서 사회안전망이나 교육에 대한 투자는 상대적으로 적었다. 정부가 할 일을 다 하지 못했다는 의미도 된다. 최근 이런 분야의 투자를 늘리고는 있지만 아직도 사회안전망 사각지대에 있거나 교육기회를 얻지 못하는 사람들이 수두룩하다. 특히 재난이나 위기 시에는 취약계층일수록 어려움이 가중된다. 최근 코로나 방역조치로 영업을 제한받는 자영업자나 소상공인이 대표적 예다. 버티기 어려운 사람들이 늘고 있고 민생경제가 위험을 넘어 생사의 기로에 이르렀다.

중요한 것은 재정을 어디에, 어떻게 쓸 것인지이다. 보편적 복지체제를 지향하면서도 명확한 원칙을 가지고 추진해야 한다. '보편'은 누구에게나 똑같이 준다는 의미가 아니라 필요가 발생하면 누구도 배제하지 않는다는 의미다. 동일한 피해나 수요가 있으면 차별 없이 동일하게 지원하고, 필요가 다르면 차등해서 지원하는 것이다. 이런 점에서 보편적 복지의 핵심원리는 '획일'이 아니라 '형평'이다. 상황과 처지에 대한 고려 없는 무조건적·무차별적 지원은 바람직한 사회안전망을 구축하지 못한다. 코로나19 확산과 같은 범국가적 재난으로 인한 경제적 타격과 피해는 계층과 직역에 따라 크게 다르다. 재난지원금은 위험에 처하고 수요가 있는 사람에게 두텁게 지원하는 한편, 피해와 손실의 정도에 따라 지원에 차이를 두는 것이 바람직하다. 경계할 것은 정치 일정을 앞두고 흔히 나오는 포퓰리즘이다. 길게 봐야 하는 재정과 경제가, 짧게 볼 수밖에 없는 정치에 휘둘리지 않게 해야 한다.

'일의 미래'에 대한 중장기 대처 차원에서도 다양한 사회안전망 확충 방안을 모색해야 한다. 이제까지의 '일'은 '일(work)'이라기보다는 '일자리(job)'였지만 임금노동 형태의 고정적 일자리는 점점 줄 것이다. 각자가 일의 포트폴리오를 만들고 최적화하는 형태로 스스로의 노동을 재구성할 것이라는 예측도 있다.[37] 노동시장에 근본적인 변화가 생길 것이다. 불안정한 고용상황이 장기간 지속되거나, 일하는 사람보다 일하지 않는 사람이 많아질 것이라는 등 다양한 예측이 나온다.

이러한 차원에서, 기본소득은 보편적 복지 차원에서 접근하기보다는 일의 미래, 재정상황, 국민적 수용성을 감안해 장기적으로 신중히 검토할 문제다.[38] 필요한 수요가 없는 계층과 사람에게까지 지급된다는 측면에서 더욱 그렇다. 모두에게 똑같이 배분하는 보편적·무조건적 기본소득으로 소득보장의 사각지대를 해소하기 위해서는 막대한 재원이 필요하고 소득 불평등과 양극화 해소, 소비 진작 효과는 매우 제한적일 것이기 때문이다. 기본소득의 대안 또는 장기적으로 기본소득의 필요성이 인정될 경우 중간과정으로 '참여소득제'를 검토할 수 있다. 기본소득이 갖는 '무조건성'이라는 원칙 대신 '사회적 가치를 갖는 활동'이라는 조건을 내거는 제도다. 참여소득을 얻기 위해서는 공동체에 대한 여러 형태의 기여나 사회적으로 가치가 있는 활동을 해야 한다. 시장가격에 반영되지 않은 사회적 가치의 창출에 대한 보상 성격이다.

금기 깨기는 우리 사회의 구조적 문제를 해결하기 위한 것이지만, 사회안전망 등 복지의 확충, 인적자원 개발 등을 위해서는 돈이 필요하다. 재정의 적극적인 역할이 없이는 불가능한 일이다. 재정지출의 구조조정, 조세감면 축소 등으로는 한계가 있기 때문에 중장기적으로 증세에 대한 검토가 필요하다. 정치적 민감성을 이유로 정부나 정치지도자가 이 문제를 외면하면 책임을 방기하는 것이다. 실제로 우리는 복지, 교육 등 사회적 수요가 큰 데 반해 증세 논의는 한 발짝도 떼지 못하고 있다.

이제 논의를 시작해야 한다. 우선 산업, 복지, 교육에 어느 정도 수요가 있으며, 어느 정도 재정에서 채워야 할지에 대한 방향과 수준을 정해야 한다. 그리고 정부의 지출효율화, 세출 구조조정, 실시간 소득 파악을 통한 탈루세원의 포착, 조세감면 축소 등으로 부족한 부분을 채우기 위해 증세에 대한 사회적 합의를 만들어내야 한다. 어떤 세목에서, 누가 더 부담할지를 포함한 중장기 마스터 플랜을 만들어야 한다.

PART 5
아래로부터의 반란

2006년 〈타임〉 지는 '올해의 인물'로 '당신(You)'을 선정했다. 뜻밖이었다. 그동안은 주로 정치인, 기업인, 과학자, 군인 등을 그해의 인물로 뽑았기 때문이다.

그렇습니다. '당신'입니다. 당신이야말로 정보화 시대를 통제합니다. 당신의 세계에 오신 것을 환영합니다.

〈타임〉은 표지에 이렇게 요약하면서, '당신'이 글로벌 미디어 영역에 파고들고 디지털 민주주의의 기초와 틀을 세웠다고 했다. 세상 변화의 방식마저 바꿔놓을 주체는 바로 '당신'이 될 것이라는 예측까지 했다. 그렇다. 변화의 주체는 '당신'이어야 한다. 당신은 바로 '나'다. 당신이 모이면 '우리'가 되고, 우리가 모이면 '시민'이 된다.

우리 사회 중요한 의사결정과 변화는 대부분 위에서 내려오는 톱다운 방식으로 추진된다. '위'는 변화와 혁신의 주체지만 동시에 대상이기도 하다. 스스로를 개혁할 의지와 역량이 부족할 수밖에 없다. 이제는 기득권, 중앙, 직업 정치인, 고위관료, 재벌, 대기업이 아니라 서민, 청년, 변방, 자영업자, 중소기업인, 농민, 학생, 학부모들이 자기가 있는 자리에서부터 시작하는 변화를 만들어야 한다. 정치와 정책의 수동적인 대상이자 소비자였던 시민이 이제는 적극적인 참여자와 생산자로 나서야 한다. 시민의 집단지성, 대중의 지혜가 사회문제 해결의 원동력이 되어야 한다.

　'아래로부터의 반란'이 필요하다.

15

정치는 줄이고 권력은 나누자

조지 오웰은 《동물농장》에서 권력의 집중과 독점을 신랄하게 비판한다. 돼지와 개들은 인간을 쫓아내고 농장의 주인이 되지만 권력은 다시 집중된다. 구(舊)권력인 인간이 신(新)권력인 돼지와 개로 바뀌었을 뿐이다. 혁명의 이상은 사라지고 돼지들은 자신들의 억압자였던 인간의 행동을 그대로 따른다. 농장 동물들의 생활은 더욱 피폐해진다. 승자만 바뀌었을 뿐 승자독식구조는 여전히 계속되기 때문이다.

　창밖의 동물들은 돼지를 한 번 보고 인간을 한 번 보고, 인간을 한 번 보고 돼지를 한 번 보고, 번갈아 자꾸만 쳐다보았다. 그러나 이미 어느 쪽이 인간이고 어느 쪽이 돼지인지 분간할 수 없었다.[01]

기회의 나라를 만들기 위한 대안들은 그동안 많이 제시됐다. 금기를 깨는 대안들은 대부분 기득권의 혁파와 사회적 합의를 필요로 한다. 그러나 이런 주장이나 내용이 정치의 장에 들어가기만 하면 합리적 토론이나 논의가 아닌 정쟁(政爭)이 되어버린다. 특히 경제적 논리로 풀어야 할 경제정책에 정치가 끼어들며 왜곡된다. 정치가 경제를 힘들게 만드는 것이다.

이제 정치영역을 줄여야 한다. 시장과 시민사회가 자율적으로 해결하는 장을 넓혀야 한다. 과도한 국가권력의 행사도 마찬가지다. 견제나 통제를 받지 않는 권력은 개인과 기업의 경제활동을 위축시키고 민생을 힘들게 한다. 권한은 중앙에 집중되고 지방과 현장에 맞는 정책들이 나오지 못하게 한다. 시민사회의 자율과 창의적인 활동을 위축시킨다. 갈등관리와 이해의 조정이 되지 않고 법적 분쟁이 늘면서 사법공화국이 된다. 정치를 줄이고 권력을 나눠야 경제와 민생이 산다.

정치판 승자독식구조를 깨자

정치를 줄이기 위해 가장 중요한 것은 우리 정치의 전형적인 승자독식구조를 깨는 것이다. 이기면 다 갖고 지면 다 잃는 구조를 바꿔야만 한다. 대통령 5년 단임제를 바꾸는 개헌이 필요하다. 5년마다 승자가 독식하는 정치구도 속에서 고질적인 정쟁과 파국이 불가피하다. 대통령 프로젝트 중심의 단기성과에 집착하게 되면서 5년마다 경제, 외교 전략이 바뀌고 이전 정부의 정책은 연속성이 끊긴다. 국가의 장기비전과 전략을 세울 수가 없다.

대통령에게 과도하게 권한이 집중되어 발생하는 문제는 정권마다 되풀이된다. 대통령이 행정부와 인사권을 장악하고 여당을 통제하면서 야당과 극한 갈등을 빚는 일이 잦다. 대통령의 지시나 말은 절대적인 영향력을 발휘하면서 여당이나 행정부 내에서 다른 의견을 자유롭게 개진하기도 어렵다.

권력구조 개편은 제왕적 대통령제의 해소에 중점을 두어야 한다. 대통령에게 집중된 권력을 분산시키는 '분권형 대통령제'로 만들자.[02] 분권형 대통령제는 국무총리를 국회에서 추천하거나 선출하고 총리에게 헌법에 보장된 실질적 권한행사를 보장하는 것이다. 대통령에게 집중된 권력이 분산되고 정당 간 상호견제와 협력도 이루어질 수 있다. 대통령과 총리 간 권한갈등의 소지는 행정부의 각종 권한 행사에 대한 총리의 주도권과 내각의 의결, 그리고 이에 대한 대통령의 견제와 통제를 인정하는 구조를 통해 해결할 수 있을 것이다.

제왕적 대통령제를 해소하기 위한 권력구조의 분권과 협치는 선거제도 개편과 함께 가야 한다. 현행 제도에서는 거대 정당들이 지역주의라는 균열을 이용해 득표율을 초과한 의석을 확보한다. 기득권은 과다 대표되고 소수의 목소리는 과소 대표될 수밖에 없다. 연동형 비례대표제는 단순다수 소선거구제 문제를 해결하는 해법 중 하나였지만 21대 총선을 앞두고 거대 정당이 비례 위성정당이라는 꼼수를 쓰면서 완전하게 무력화시켰다. 제도는 망가지고 개악이 되었다. 승자독식을 가져오는 단순다수 소선거구제를 개편해야 한다. 제대로 된 연동형 비례대표제를 도입하자. 비례성과 다양성이 보장되면 특정 정당이 국회를 좌지우지하기 어렵게 되고 정당 간 정치적 의사결정의 분점·공유를 통한 협치를 촉진될 것이다.

권력구조 개편의 또 다른 목표인 국정운영의 안정성 확보와 책임정치 구현을 위해 임기 4년, 한 차례 연임 가능한 대통령제로 바꿀 것을 제안한다. 그리고 대통령 선거와 총선을 함께 치르도록 선거 사이클을 바꾸자. 대선과 총선을 함께 치를 경우 여소야대가 만들어질 가능성이 줄어들고 국정운영의 안정을 도모할 수 있게 된다. 동시에 대통령 임기 중 전국 선거를 3번에서 2번으로 줄여 소모적 정쟁과 사회적 비용을 줄이는 효과도 있다.

이러한 권력구조 개편을 위해서는 개헌이 필요하다. 개헌이 정치개혁의 만능열쇠는 아니지만, 가급적 빨리 국가운영의 틀을 바꿔 한국 정치의 고질병을 치유해야 한다. 여야 각 정당과 지도자는 지난 20년 동안 소리만 요란했던 개헌에 대한 입장을 내고 국민의 평가를 받아야 한다. 그리고 다음 대통령 임기 초에 개헌을 추진해야 한다.

정치를 줄이기 위해 직업으로가 아니라 봉사로 정치를 하도록 제도를 바꾸자. 선출직 정치인의 특권을 배제하고 기득권을 없앤다. 국회의원 권한과 혜택은 대폭 줄인다. 보수는 중위소득 기준 1.5~2배와 같은 상한을 정하고, 보좌관 수도 줄인다. 다선(多選) 제한, 한층 엄격한 겸직금지,

국회의원의 갑질·권위주의 타파 등을 제도화한다. 입법 등 제도화가 어렵다면 이런 내용의 약속과 실천을 기준으로 유권자들이 표로 심판하도록 한다.

역사적으로 정치 재편성을 일으키는 핵심요소는 유권자 행위의 변화다. 예를 들어 다선 제한을 법으로 규정하기 어려우면 특정 정당이 재선이나 3선까지는 허용하지만, 이를 초과하는 입후보는 금지하겠다는 약속을 하고 국민의 심판을 받는 것이다. 국제적으로는 다선 금지를 약속한 이탈리아 오성당이 창당 4년 만에 제2당으로 도약한 사례도 있다. 재선 임기를 마치면 본래 직업으로 돌아가거나 새 직업을 찾도록 한다. 계속 정치를 원한다면 당을 떠나게 한다.

입법부 권력과 국회의원 직무수행에 대한 시민통제와 견제도 강화할 필요가 있다. 국회의원 소환제를 도입하자. 헌법이나 법률을 위반하거나 공익을 현저히 침해할 경우 국민이 파면하는 것이다. 대통령은 국회가 탄핵소추를 하고 헌법재판소가 탄핵심판을 할 수 있다. 자치단체의 장과 지방의원도 주민소환을 할 수 있는데 유독 국회의원에 대해서만 이런 견제장치가 없다.[03] 2018년 여론조사에 의하면 국회의원을 국민이 소환하는 국민소환제에 대한 찬성의견이 77.5%에 달한다. 회기마다 국민소환제 법안이 국회에 제출되지만 한 번도 심도 있게 논의된 적이 없다. 유권자에게 한 약속을 지키지 않거나 자질이 심하게 떨어지는 국회의원에게 경종을 울려야 한다.

국민발안제도 도입하자. 일정한 요건을 갖출 경우 국민이 스스로 헌법이나 법률을 제안할 수 있는 권리다. 헌법 제52조는 법률안 제출권은 국회의원과 정부에만 주고 있다.[04] 2018년 3월 개헌안에 '국민주권 강화' 항목에 국민소환제와 국민발안제도가 포함되지만 국회에서 폐기된 바 있다.[05] 국민발안제의 전 단계로 국민의 정책 제안을 국회나 행정부의 정책결정과정에서 검토하도록 하는 플랫폼을 만드는 방법도 필요하다. 시민단체나 시민들로 구성된 정책 싱크탱크에서 일정 수 이상의 국민으로부터 동의를 받은 정책을 모으고 전문적 보완을 거쳐 공개적으로 제안하는 방안이다. 부처나 국회의원들은 제안된 '정책상품'을 선택해 정책결정이나 입법 과정에서 논의한다.

시민참여로 이루는 '공통공약'과 '미래입법'
———

김대중 정부부터 문재인 정부까지의 국정과제를 비교분석한 강홍열 교수는 모든 정부의 국정과제는 핵심이슈 25가지가 되풀이되는 양상을 보인다고 한다.[06] 표현이나 방법, 우선순위의 차이는 있지만 국정과제의 80~90%가 내용상 동일하다는 것이다. 후보와 정당은 비슷한 공약을 내세우지만 선거가 끝나면 상황이 바뀐다. 여당은 현실과 동떨어진 공약을 공약(空約)으로 만들거나 무리한 추진을 하다가 문제를 악화시키곤 한다. 야당은 여당 공약의 발목을 잡고 사사건건 대립구도로 몰고 간다. 심지어는 자기들이 공약한 내용조차 반대한다.

후보들 공약 중 경제공약만큼은 같이 추진하도록 제도적 장치를 만들

자. 여·야·정 공통공약 추진위원회를 상설화하여 공통공약을 함께 추진하는 것이다. 공통공약을 추진하는 부처의 장관이나 산하 기관장 자리를 야당에 맡기는 방법도 있다.

대부분의 국정과제들은 장기적 로드맵에 따라 범정부 차원에서 접근해야 할 복합적 현안이다. 5년 임기의 정부가 단기성과에 집착해서 될일이 아니다. 이 과정에 시민의 참여와 결정, 통제가 가능하도록 진행시키자. 정치권에만 맡겨두면 정쟁으로 흐를 가능성이 크기 때문이다. 우리 현실에서 5년 임기 중 국정목표 달성을 위해 주어지는 시간은 3년 남짓이다. 이 시스템이 작동하면 정권이 바뀌더라도 연속성을 가지고 추진할 수 있게 되고, 애초부터 함부로 공약을 내세우거나 선거가 끝나고자신들이 주장한 공약의 발목을 잡는 일도 없을 것이다.

시민참여를 활성화할 수 있도록 '미래입법'을 제안한다. 입법은 국가의 미래를 정하는 중요한 일이다. 개인과 정파의 이해관계 속에 만들어져서는 안 된다. 눈앞의 이해관계를 떠나서 생각할 수 있게 하는 방법으로 지금 법을 개정하되 발효 시점을 미래로 명시하는 방법이다. 예를 들어 교착상태에 빠진 법안의 발효시기를 아예 5년이나 10년 후로 못 박고 논의를 시작하는 것이다. 직접적인 이해관계를 찾기 어렵고 경쟁자가 누가 될지도 정해지지 않을 정도의 미래를 보고 논의하는 것이다. 첨예하게 갈등을 빚거나 이해당사자의 이견으로 합의가 어려운 이슈들에이 방식을 적용한다.

이것은 규제개혁의 추진에서 특히 유용할 것이다. 예를 들어 공유차

량 허용여부에 대한 결론의 적용시기를 몇 년 후로 정하고 논의한다. 전면 적용시점 이전에 몇 개의 단계별 중간목표를 정하고 순차적으로 부작용을 줄이는 보완조치를 만든다. 미래의 시점에서 논의하면 비교적 장기적인 시계에서 국가와 국민을 생각하며 합의에 도달할 가능성이 커질 것이다.

원론에는 찬성하지만 부작용을 우려하여 적용이 쉽지 않은 원격진료와 개인정보보호 등도 마찬가지다. 논의를 시작한 지 몇 년이 흘렀지만 별 진전이 없는 이슈들이다. 만약 논의 초기에 시행시기를 뒤로 미루고 입법을 추진했더라면 이미 시행에 들어갔을 것이다.

헌법개정 논의도 대상이 될 수 있다. 상당수 국민은 개헌에 찬성하지만 논의는 매번 좌절되고 만다. 당장 적용할 헌법을 논의하기 때문에 이해관계가 선명하게 나뉘기 때문이다. 차기 선거에 출마할 정치 지도자들에게는 개헌이 국가 일이 아니라 자기 일이 된다. 개정 헌법의 적용 시기를 10년 후로 정해놓고 논의하면 자기 일이 아니라 국가의 일이 되면서 객관적으로 국민의 입장에서 결정할 수 있다.

노동시장의 일자리 이중구조 문제해결에도 유용하다. 예를 들어, 대안 중 하나가 정규직과 비정규직 사이 '중간직'의 신설이라면 신규 채용하는 사람부터 제도를 적용할 수 있다. 20년 후에는 제도가 완전히 정착할 것이다.

'청와대 정부'를 바꾸자

'청와대 정부'를 바꿔야 한다. 매 정부마다 청와대 정부 현상이 나타난다. 대통령 주변의 권력욕 때문이라기보다는 제도적 원인이 크다. 5년 단임 대통령제에서 새로운 정부는 임기 내에 성과를 내기 위해 추진과제를 빠른 시간 내에 완수하려고 한다. 이전 정부 정책은 뒤집어야 하고 공무원은 믿지 못하니 청와대가 주축이 돼서 일을 밀고 나가는 현상이 정권마다 반복된다.

청와대의 과도한 권한과 역할을 일정 부분 내려놓고 책임장관제를 도입해야 한다. 청와대는 중장기 국가 비전, 외교, 안보, 국방, 핵심과제 위주로 업무를 수행하고, 국무총리실이 실질적인 정책 조정의 역할을 담당해야 한다. 장관들에게 인사권을 주고 힘을 실어줘야 한다. 인사권도 없는 장관에게 공무원들이 충성하기를 기대하기는 어렵다. 권한과 함께 책임을 확실하게 묻는 시스템을 만들어야 한다. 그래야 대통령에게 향하는 비난의 화살을 막는 완충지대도 생긴다.

'작은 정부'라는 환상에서도 벗어나야 한다. 큰 정부, 작은 정부 이슈는 정부개입 정도의 문제이지 조직 숫자의 문제가 아니다. 효율성을 높이기 위해 권한과 정보를 한곳에 모으니 견제와 균형이 이루어지지 못한다. LH 직원들의 부동산 투기와 같은 사건도 공공주택의 공급과 신도시개발의 모든 업무가 집중된 것이 원인 중 하나다.

기획재정부를 예로 들면, 장관의 업무범위(span of control)가 너무 넓다. 과거 경제기획원과 재무부, 또는 재정경제부와 기획예산처처럼 생산적인 토론과 경쟁, 견제를 통해 균형을 잡는 것이 바람직하다. 한 부처에서 진흥과 규제 기능을 함께 수행하는 것도 문제다. 앞서 제안한 규제개혁부에서 규제업무를 감독하거나, 유사한 기능을 하는 부처들의 집행이나 진흥업무를 함께 관장하는 기관(agency)를 두는 방법도 검토 가능할 것이다.

중앙과 지방의 역할도 재정립해야 한다. 도입된 지 30년 가까이 된 지방자치가 제대로 되지 않는 원인을 찾아 고쳐야 한다. 국가-지방자치단체의 수직위계를 중앙-지방정부의 수평체제로 바꾸고 지방이 할 일들을 정치적 이슈화하거나 중앙정부에 손을 벌리는 관행을 없애나가자. 우선 지방에 대한 권한이양이 필요하다. 중앙의 재정권한 일부를 지방에 이양해야 한다. 중앙과 지방의 공동세 도입을 적극 검토하고 지방별로 탄력세율을 신축적으로 적용할 수 있도록 한다. 인사권도 마찬가지다. 지방이 자율적으로 인사권을 행사하도록 하고 행정안전부, 기획재정부 간부 등을 광역지자체의 고위직으로 보내는 회전문 인사를 금지시키자. 동시에 지자체는 탄력세율같이 이미 지방에 주어진 권한을 적극 활용하도록 해야 한다. 주민의 비판이나 다음 선거를 의식해 소극적으로 대처하는 행태를 바꿔야 한다.

지방의 광역화는 앞서 제기한 수도권 올인 구조를 바꾸기 위해서뿐만 아니라 권력의 분산과 분권을 위해서도 매우 중요하다. 지자체가 너무 잘게 쪼개져 지방분권이 오히려 지방을 더 어렵게 하는 문제도 냉정히 봐야 한다. 분권의 단위인 기초지자체가 226개에 달한다. 그러다 보니 지자체 간 격차가 너무 크다. 자체수입 하위 20%와 상위 20% 격차는 15배가 넘는다. 분권의 단위는 수도권, 동남권, 호남권 등 초광역권이 되어야 한다. 그래야 대도시권을 중심으로 교육과 일자리, 의료와 문화 등 양질의 서비스를 제공할 수 있고 독자적 산업정책을 수행하는 정책적 능력이 만들어질 수 있다.

권력기관에 대한 민주적 통제를 강화하자

권력기관 개혁의 핵심은 시민의 자유와 인권 보장이다. 정치권력과 권력기관 간, 또는 권력기관 상호 간의 권력 다툼으로 변질되어서는 안 된다. 개편의 두 축은 권한의 분산과 견제의 강화다. 견제와 균형의 원리 아래, 각기 자기 영역에서 제 역할을 다하게 만드는 것이 권력기관 개혁의 본질이다. 그러나 이것만으로는 부족하다. 권력기관에 대한 시민의 민주적 통제가 필요하다.

우선, 사회문제와 분쟁의 해결에서 형벌의 역할에 대한 재검토를 통해 사회문제가 형사사건화 되는 비율을 줄여야 한다.[07] 2011년 기준으로 법률 1,210개 중 약 63%에 해당하는 758개의 법률에 형벌조항이 있다고 한다. 2017년에는 법률 1,450개 중 65% 정도가 형벌 조항을 가진 것으로 추정된다.[08] 이것은 수사기관이 수사대상으로 삼을 수 있는 법적 근거가 전통적인 형법뿐만 아니라, 900여 개 넘는 법률 곳곳에 산재해 있다는 것을 뜻한다. 정치·경제·사회적 행위들을 폭넓게 형사사건화할 수 있다는 의미이기도 하다. 권력기관 개혁을 통해 형식적 권한을 줄인다고 하더라도 수사범위가 이렇게 넓다면 수사권 남용의 여지가 클 수밖에 없다.

특히 우리의 경우 문제만 생기면 정치권, 시민사회단체, 이해관계자 모두가 고소, 고발부터 한다. 정치권부터 정치쟁점이나 갈등을 사법화하는 것을 지양해야 한다. 정치적인 문제는 정치권 안에서 해결해야 한다. 정치권에서 제기된 고소, 고발 건은 모두 바로 수사하는 대신, 분명한 증거가 있거나 부정부패와 직접 관련된 것에 한하여 수사하도록 하는 수사의 원칙과 관행을 세우자.

이와 함께 권력기관에 대한 권한 위임과정에서 민주적 통제가 이루어져야 한다. 권한은 적정한 절차에 따라 위임되고 적법한 절차를 거쳐 행사되어야 한다. 권력기관의 장을 민주적 선임 절차를 거쳐 임명하는 등 인사 절차를 재검토하자. 검찰총장, 경찰청장, 대법원장과 대법관, 헌법재판소장과 헌법재판관 외에도 주요 고등·지방 검사장과 지방경찰청장, 고등·지방 법원장 등도 의회의 동의나 별도의 인사청문 절차를 거치는 것을 검토해봐야 한다.

권력기관에 대한 감사도 다른 방안을 찾아보자. 독립적인 감사기구가 권력기관을 감시하도록 해야 한다. 현재 감사기구는 해당 조직의 일부로서 독립성을 갖기 어려운 구조다. 조직 내부의 비리가 드러났을 때 오히려 비호하고 감싸는 경향도 있다. 예컨대 대법원 윤리감사관은 법원행정처 차장에게 속해 있고 현직 부장판사가 맡고 있다. 검찰청의 감찰

본부장은 외부 인사로 임명하고 있으나, 감찰을 개시할 때 검찰총장에게 보고하고 승인을 받는다.[09] 중앙부처의 감사관들은 내부에서 순환보직으로 운영되고 있다. 권력기관의 감사기구는 외부의 독립적인 인사가 적법한 절차를 거쳐 신분보장을 받으며, 소속 기관장의 지휘를 받지 않고 소신껏 내부견제를 할 수 있도록 하자.

권력기관의 장에 집중된 권한을 분산시키는 등 권력기관의 민주화도 필요하다. 강한 수직적 위계구조, 다층적 의사결정구조, 엘리트주의를 조장하는 순혈주의 문화와 관행을 바꿔야 한다. 권력기관장에 집중된 인사권, 승진 우선주의 문화 등은 권력적 지위에 있는 고위직이 정치권력의 통로역할을 수행하게 만들기도 한다. 이러한 제도와 관행이 하나의 법관동일체 또는 검사동일체처럼 작동하게 함으로써 사법부나 검찰이 국민 위에 군림하는 권력기관이 되도록 만들 위험을 안고 있다. 권력기관 내부의 권력분립도 추진해야 한다. 검찰총장의 구체적 수사지휘권이나 대법원장의 사법행정권을 분산시키는 제도적 장치가 필요하다.

조직 내에서도 고시 등 임용시험이나 순환보직, 승진을 통해 특권층화되거나 고위직을 독점하는 것은 바람직하지 않다. 서열에 의한 위계질서를 형성하고 폐쇄적인 순혈주의에 사로잡혀 시민의 자유나 인권보다 조직이익을 우선시하거나, 퇴직해서 전관예우의 혜택을 누리는 것도 마찬가지다. 권력기관에 민간전문가를 더 많이 충원할 수 있도록 계약직·별정직·개방형 직위를 대폭확대하는 방안도 강구해야 한다. 예를 들어, 경력직 임용으로 제도를 바꾼 판사처럼 5년 이상 변호사 경력자를 대상으로 검사를 임용하는 방안 등이다. 사회경험이 없는 사람도 시험성적만으로 선발하는 방식을 탈피하여 법률지식 외에 균형감각, 공정성, 인권에 대한 감수성까지 갖춘 법조인이 권력기관에 근무하도록 해야 한다.

권력기관의 권한이 너무 강해 자의적 권한행사가 나오는 것도 문제다. 검찰, 경찰, 국세청, 감사원, 공정위, 금융위와 금감원 등의 표적수사, 조사, 감사에 대한 견제와 감시 장치를 정비할 필요가 있다. 권력기관이 기업 활동에 과도하게 개입하는 행태에 대한 제한이 필요하다. 착수근거와 요건을 엄격히 정하고 공개하도록 해야 한다. 검찰과 경찰, 준사법기관인 공정위, 금감위 등이 고발, 제소한 사건이 1심에서 패소할 경우 무조건 항소하는 관행을 지양해야 한다. 3심 제도는 기본적으로 시민의 권리를 보호하기 위한 것이지 권력기관의 권한행사 보호가 목적이 아닌 만큼 법적·제도적으로 항소를 제한하여 신중하게 하도록 해야 한다.

또한 권력기관은 조사, 수사, 기소, 재판과정에서 우월적 공권력을 행사하는 반면, 피의자나 피고인은 상대적으로 열등한 지위에 있기 때문에 잘못된 수사와 기소, 판결 등에 대한 책임을 엄격하게 지우는 제도적 장치를 만들어야 한다.

더 나아가 권력기관에 대한 '시민 감시'를 강화해야 한다. 우리 사법제도는 특정 개인에게 너무 큰 판단의 권한을 부여한다. 수사 개시나 기소, 판결 등 결정을 검사나 판사가 전적으로 한다. 물론 법원의 합의제나 검찰의 보고라인도 있지만, 기본적으로 지나치게 큰 권한이 판·검사 개인에게 주어진다. 사법시험이나 변호사 시험에 합격한 것만으로 개인이 전적인 판단의 주체가 되는 것이다. 이러한 점을 감안할 때 사법과정의 의사결정에 실질적인 외부 참여, 공개제도를 대폭 확대해 집단지성을 발휘하게 할 필요가 있다. 기소배심제, 판결배심제, 참심제 등 외국의 입법례를 참조해 우리 실정에 맞는 방안을 찾아야 한다.

16

시민참여 시대를 활짝 열자

영국 플리머스에서 소의 무게를 알아맞히는 내기가 있었다. 800여 명의 군중이 각자 예상되는 소의 무게를 응모용지에 쓰고는 도살 후 실제 무게를 재서 가장 근사치를 써낸 사람이 이기는 내기였다. 개인들이 써낸 무게는 그야말로 천차만별이었다.

그런데 놀랍게도 전체가 써낸 무게의 평균인 543.4kg은 실제 무게와 0.5kg밖에 차이가 나지 않았다. 우생학자인 골튼은 이 내용을 과학학술지인 〈네이처〉에 발표까지 했다. 제러미 리프킨은 이 사례를 '대중의 지혜'라고 표현했다.[10]

우리 사회의 중요한 의사결정은 대부분 톱다운 방식으로 만들어진다. 보수가 집권할 때나 진보가 집권할 때나 별반 다르지 않다. 그러면서 문제의 원인은 늘 남에게서 찾고 비판한다. 정치는 관료와 재벌을, 관료는 정치와 언론을, 기업은 정치와 관료·노조를, 보수는 진보를, 진보는 보수를, 언론은 모두를 손가락질한다. 문제를 풀 사람은 내가 아니고 항상 따로 있다. 그러다 보니 의사결정 그룹의 역량과 생산성이 떨어진다. 이제 정치권이나 정부의 리더십만으로 우리 사회의 구조적인 문제를 풀지 못하는 단계에까지 왔다. 위로부터가 아니라 '아래로부터의 반란'이 필요하다. 정치와 정책의 대상이자 수동적인 소비자였던 시민이 이제는 적극적으로 참여하고 생산자로 나서야 한다. 시민의 집단지성이 사회문제를 해결하는 생산성과 연결되도록 해야 한다.

시민의 참여는 정보통신 혁명과 인터넷의 발달로 한결 용이해졌다. 인터넷으로 쇼핑하고 휴대폰으로 은행 거래를 하는 세상이다. 한 번도 만난 적 없는 사람과 SNS를 통해 정보를 공유하고 대화를 나눈다. 그런 과정에서 정보의 비대칭성도 사라진다. 정치와 정책과정에서도 정보의 공유, 수평적 소통, 네트워킹, 연대와 협력을 통해 시민이 자연스럽게 참여하게 된다. 오프라인뿐 아니라 다양한 온라인 네트워크를 활용하며 수직적 지배구조가 수평적 네트워크 지배구조로 재편되고 있다.

이런 과정에서 시민들은 스스로 판단의 주체가 되어야 한다. 선동에 좌우되거나 확증편향성을 띠어서는 안 된다. 극단의 정치와 진영논리를 넘어서야 한다. 최근 언론이나 SNS에서는 어느 한편, 그것도 극단의 입장에 서야 흥행이 되고 시청자와 청취자가 몰리는 현상이 두드러진다. 정보와 신념의 편식(偏食)이 점점 심해진다. 양극단 중 하나를 고르는 선택을 강요받기도 한다. 모두가 민주주의를 위협하는 현상이다.[11] 특정 집단과 진영의 사고에 시민의 생각과 결정을 위임하면 안 된다. 누구나 자기 소속, 기반, 배경에 어느 정도 영향을 받지만, 공동체와 공동선을 위해 시민 각자가 스스로 고민하고 판단하는 결정의 주체가 되어야 한다.

시민참여 플랫폼을 확산시키자

'아래로부터의 반란'을 위해서는 무엇보다 다양한 논의체에 시민들이 참여하여 대화와 토론을 통해 합의를 도출하는 장을 만들어야 한다. 특정한 공공정책 사안이 초래하는 사회적 갈등의 해결을 위해 이해관계자, 전문가, 일반 시민의 다양한 의견을 민주적으로 수렴하여 공론을 형성하도록 하는 것이다.[12] 모여진 의견은 제도권 정치와 정책결정 과정에서 반영되도록 한다. 이 방법은 사회적·공적 신뢰를 향상시키고 정부의 결정에 정당성을 부여하는 장점이 있다. 주된 논의대상은 기득권 때문에 해결하지 못하고 있는 묵은 과제들, 표를 의식하고 내 편 네 편을 따지기 때문에 풀지 못하는 문제 등이다. 규제개혁이나 선제적 관리가 필요한 갈등과제들이 좋은 예다. 논의체로는 공론화위원회, 시민배심원, 시민의회, 온라인 정책 플랫폼 등 여러 유형이 있다.

시민참여 공론화는 현실 적용 가능성이 높다. 2017년 시민참여 공론화에 한 획이 그어졌다. '신고리 5·6호기 공론화위원회'가 3개월의 활동 끝에, 신고리 5·6호기 건설을 재개하되 장기적으로 원전을 축소해야 한다는 권고안을 만든 것이다. 정치권과 이해당사자가 아닌 일반 시민이 모여 집중적으로 학습하고 합숙까지 해가며 숙의한 끝에 해법을 제시한 첫 사례다. 권고안 내용에 대해서는 논란의 여지가 있지만, 시민참여 절차와 과정에서 의미와 시사점을 찾을 수 있다.

　특히 절차와 과정을 되짚어볼 만하다. 전국적으로 지역별, 성별, 연령별 비율에 따라 무작위로 추출된 2만 명을 대상으로 여론조사를 실시한다. 그중 공론화 조사에 참여할 의향이 있는 5,000명을 고르고 다시 계통추출 방식으로 500명의 시민참여단을 구성한다. 시민참여단은 숙의 과정을 거친다. 자료 학습, 원격 학습, 온라인 질의응답, 텔레비전 토론회, 지역순회 토론회 등 사전 숙의 과정을 거쳐 합숙 토론회를 갖는다.

　종합토론회에는 471명이라는 높은 참석률을 보인다. 공론화 과정 이전 1차 조사에서는 건설 중단 27.6%, 건설 재개 36.6%, 유보 35.8%의 의견이 나온다. 반면 공론화 과정을 마친 최종 4차 조사에서는 건설 중단 40.5%, 건설 재개 59.5%의 결과를 보인다. 시민참여단 중 41.4%는 공론화 과정 이후 의견의 변화가 있었다. 특히 건설 중단에서 재개, 건설 재개에서 중단으로 입장을 상반되게 바꾼 시민참여단도 96명이나 나왔다.

　신고리 공론화위원회 이후 대입제도 개편(2018년), 미세먼지 대책(2019년), 제주 국제영리병원(2018년), 사용후핵연료 관리(2020년) 등 이슈에도 비슷한 시도가 있었지만 대부분 의도한 성과를 내지 못하거나 실패했다는 평가를 듣는다. 쉽지 않다는 이야기다. 성공적인 공론화 과정의 제도화를 위해 가장 중요한 요소는 절차의 공정성과 투명성이다. 얼마만큼 객관적이고 편견 없이 제도를 설계하고 운영하느냐가 관건이다. 이런 점을 감안하면, 해당 정책의 결정과 집행을 담당하는 조직이 아니라 국회, 대통령 직속 위원회나 국무총리실 산하 위원회 등을 통해 공론화 과정 자체를 독립적이고 중립적으로 운영하는 방법을 검토할 필요가 있다.

시민의회의 설치와 온라인 플랫폼을 만드는 방안도 검토하자. 국회 밖에서 주요 쟁점들을 해결하는 대안적 장치다. 시민의회가 국회를 대체하는 것은 아니다.[13] 입법 기능은 현행대로 국회가 수행하되 정책제안, 의안발의 기능을 하는 자문기구로 출발한다. 구성은 시민의 입장을 고르게 대변할 수 있도록 국민의 축소판을 만든다.[14] 소위 '작은 공중 (mini public)'이다.

'작은 공중'의 구성원은 지역, 성별, 연령 등 인구 분포를 반영해 무작위 추첨으로 한다. 지원자로 구성할 경우 편향성이 생길 가능성이 있기 때문이다. 임기는 1~2년 단기로 하고 실비 성격의 수당 외에 다른 특권은 일절 부여하지 않는다. 시민의회는 비상설로 설치한다. 특정 이슈에 대해 국민이나 국회의원의 일정 수 또는 대통령이 요구했을 때 소집하고 끝나면 해산한다. 시민의회가 다룰 의제는 우선 사회갈등 의제나 국회의원들의 이해와 직결되는 주제로 한정한다. 전자의 예로는 지역개발,

의약분업, 방사성 폐기물 처리장 등이, 후자의 예로는 정치자금법, 의원 정수, 지역구 확정, 선거제도 등 주제가 있다. 국회나 행정부에서 공정하게 다루기 어렵거나 이해 대립이 심해 결정하기 어려운 사안들이다.

온라인 정책 플랫폼은 시민들이 특정 주제에 대해 온라인을 통해 토론하며 의견을 모으는 장이다. 우선 지자체 단위의 일상생활과 관련된 주제부터 국회 입법에 이르기까지 다양한 주제를 대상으로 할 수 있을 것이다. 시민의회나 온라인 플랫폼을 통해 모여진 의견은 법안의 경우 국회에, 정책의 경우 행정부나 지자체에 보낸다. 모여진 의견들은 최종 결정은 아니지만 국회와 행정부에서는 의무적으로 논의 또는 상정하도록 한다.

'남 머리 깎아주기'에서 협치까지

승자독식 전쟁의 종전을 위한 금기 깨기는 기득권을 내려놓는 것이다. 누구든 가지고 있는 기득권을 놓지 않으려 한다. 변화와 혁신이 어려운 이유다. **자기 머리는 스스로 깎지 못하기 때문에 '남 머리 깎아주기'가 필요하다.** 우리 정치의 장에는 스스로 깎지 못하는 '자기 머리'가 차고 넘친다. 의원 정수 조정, 지역구 획정, 선거법 개정, 정당 개편, 선수(選數) 제한, 의원 특권 내려놓기 등이다. 정치권에서 약속도 하고 오랫동안 논의도 했지만 정작 한 발짝도 실천에 옮기지 못하는 내용들이다.

개혁의 대상이 개혁의 주체가 되는 다른 사안들도 마찬가지다. 공무원·군인연금 개혁, 검찰개혁과 사법개혁, 공공기관 개혁 등이다. 검찰과 사법개혁을 다루는 국회 법사위는 대부분이 법조계 출신들로 채워져 있다. 공공개혁이나 공무원 연금개혁에 대한 의사결정 주체도 공무원과 공공부문 종사자들이다. 자기 이해가 걸린 문제들로부터 자유롭기 어려운 구조를 깨는 방법 중 하나는 앞서 제안한 시민참여 플랫폼들을 활용하는 것이다.

남 머리 깎아주기는 자기 진영 금기 깨기로 발전해야 한다. 우리 사회 금기 깨기의 성공 여부는 자기 진영의 금기를 깰 수 있는지 여부에 달려 있다. 스스로의 기득권을 내려놓는 것이다. 사업주는 사업주의 금기를, 노조는 노조의 금기를 깨야 한다. 진보는 진보의 금기를, 보수는 보수의 금기를 스스로 깰 때 개혁이 성공하고 사회발전이 만들어진다. 예를 들어 보수가 사회안전망의 대폭 확대에 찬성하고, 진보가 어느 정도의 안정성의 확보를 전제로 노동시장의 유연성을 지지하는 것이다. 더 많이 가진 사람, 더 힘이 센 사람이 먼저 자기 금기를 깨야 '기회공화국'을 만들 수 있다.

역사적으로 보면 자기 진영의 철학, 방향, 정책을 획기적으로 바꾸면서 전환점이 만들어지는 경우가 많다. 사회민주주의 탄압법을 통과시킬 정도로 권위주의 정책을 폈던 독일의 비스마르크는 노동자의 생존권을 보장하는 사회보장제도를 세계 최초로 도입한다. 이는 독일뿐 아니라 유럽정치의 전환점이 된다. 루스벨트는 당시 민주당 철학과 방향과 다르게 시장개입과 노조권한 강화, 복지확대를 중심으로 하는 뉴딜정책을 편다. 이를 계기로 민주당과 공화당 지지 기반이 바뀌는 정치 재편성 (political realignment)이 이루어진다. 노동조합의 지지를 기반으로 하는 독일 사민당 출신의 슈뢰더는 '정치적 자살행위'인 노동시장의 유연성, 사회보장제도의 개혁, 규제 철폐 등을 추진하며 분기점을 만든다. '유럽의 병자'라고 불리던 독일 경제를 다시 일으켜 세우는 계기가 된다.

자기 진영 금기 깨기가 이루어져야 사회적 대타협의 길이 열린다. 우리에게는 이런 성공경험이 거의 없지만, 대부분의 국가적 과제들은 지금의 권력독점과 투쟁, 분열의 정치로는 풀 수가 없는 문제들이다. 사회적 대타협을 통해서만 가능하다. 예를 들면 남북문제, 노동시장의 이중구조 개선, 복지 수준과 재원의 조달, 교육개혁, 4차 산업혁명에의 대처 등이다. 과거 노사정위원회를 확대 개편한 경제사회노동위원회가 기존 대기업과 노동단체 외에 비정규직, 여성, 청년 등 계층별 대표와 중소기업, 소상공인 대표를 참여시키고 협의기구로 운영한 것은 진일보한 것이지만 사회적 합의 도출에는 번번이 실패하고 있다.

이제는 방법을 바꿔보자. 먼저, 경제사회노동위원회를 대통령 직속 위원회로 하되 완전한 독립성을 확보해주자. 지금과 같이 예산과 조직을 정부부처에 의존하게 하지 말고 네덜란드 사회경제위원회(SER)와 같이 고용보험기금을 통해 운영예산을 확보하고 조직도 자율적으로 구성하게 해보자.[15] 동시에 정권이 바뀌어도 논의하는 의제들이 연속성을 갖도록 해야 한다. 보수정부가 들어오면 경영계에 유리한 정책이 추진되고, 진보정권이 들어서면 노동계에 유리한 정책이 추진되면서 정책의 일관성과 지속성이 없어지는 관행을 바꾸자. 단기 의제와 중장기 의제를 구분하고 로드맵을 만들어 국민에게 공개하고 여야도 추인해주는 방식을 시도해보자.

이러한 작은 성공모델이 쌓여 신뢰가 형성되면 이를 기반으로 보다 큰 사회적 대타협을 이루면서 협치까지 나아갈 수 있다. 경제부총리로 재임하던 2018년 11월 8일 국회 예산결산특별위원회에서 실제로 제안한 적도 있다.

경제만큼은 이념과 프레임 논쟁에서 벗어나 여야 간에 책임 있는 결정을 빨리 할 수 있도록 연정(聯政) 수준의 토론과 협력을 하자.

협치가 이루어지려면 이를 제도화하는 방안도 필요하다. 앞에서 이야기한 공통공약을 추진하는 여·야·정 공통공약 추진위원회를 만든 뒤 일부 부처의 장관이나 대통령 직속 위원회 위원장 등의 자리를 야당에게 맡기는 방법이 있다. 보수정권이 복지부나 교육부, 고용노동부 장관을 진보 측 인사로 임명하거나 진보정권이 산업, 중소기업, 미래과학부 장관을 보수 측 인사를 임명할 수도 있다. 정책의 집행을 담당하는 공기업이나 산하기관장 자리도 마찬가지다. 여기서 더 나아가면 총리를 국회에서 추천하고 실권을 갖게 하는 대연정으로까지 갈 수도 있다.[16] 낮은 수준의 정책 연합에서 높은 수준의 연립내각 구성까지 이르는 협치로 발전하는 것이다.

언론의 미래, 솔루션 저널리즘

아래로부터의 반란을 위해서는 시민들이 객관적이고 정확한 정보를 제공받아 공유하는 것이 필요하다. 여기에 기초해 의사결정 과정과 의견 개진에 참여하는 것이다. 이런 면에서 언론의 역할이 무엇보다 중요하다. 기존의 언론은 지나치게 비판에만 치중하고, SNS는 여론을 양극단으로 나누어 확증편향적으로 몰고 가는 경향이 있다. 그러다 보니 생산적인 토론이나 타협이 점점 더 어려워진다.

언론이 '솔루션 저널리즘'으로 가도록 시민과 사회가 유도해야 한다. 우리 언론은 심층취재를 통한 진실추구보다는 과도한 특종경쟁으로 스트레이트 기사와 사건기사, 연성기사 중심으로 정보를 전달하고 있다. 기사의 내용은 대부분 부정적 또는 비판적 기사이고, 때로는 가짜뉴스와 왜곡뉴스가 나오기도 한다. 그러다 보니 독자나 시청자가 세상을 정확하게 보는 데 한계가 있게 된다. 솔루션 저널리즘은 문제를 들춰내고 비판하는 데 그치지 않고 구체적인 사회문제에 대한 심층분석과 실행 가능한 해결책을 제시함으로 시민의 참여를 높이는 것이다. 언론이 추구하는 '5W 질문 원칙'에 '이제, 무엇을'이란 질문을 추가한다. 문제를 찾고 분석했으니 이제 해결방안을 모색하자는 것이다.[17]

미국 텍사스대학의 연구에 따르면 해결방안을 찾으려 애쓰는 기사를 접했을 때 독자와 시청자는 제대로 된 정보를 전달받고 있다고 인식한다. 시민과 언론 매체와의 관계가 증진되면서 광고를 싣기 원하는 광고주가 늘어난다. 프랑스 일간지 〈니스 마탱〉은 직원들이 재정위기에 놓인 회사를 크라우드 펀딩을 통해 인수하고 솔루션 저널리즘의 길을 모색하는 대표적인 언론사다. 솔루션 저널리즘 섹션을 만들어 지역 실업, 지역 교통체증, 음식 낭비 줄이기 방안 등 일상의 삶과 관련된 문제의 답을 찾는 시도를 한다. 해결방안은 전문가들이 내는 원론적인 내용이 아니라 취재원을 찾아 발로 뛰면서 구하는 것이다. 〈니스 마탱〉의 온라인 유료 구독자 수는 3배나 증가했다. 다른 신문의 경우도 솔루션 저널리즘 섹션은 다른 섹션보다 5배 이상 높은 금액으로 광고가격이 책정되기도 했다.

언론의 기사나 광고의 진실성, 공정성, 선정성을 심의하는 기능을 강화해야 한다. 정부의 심의는 철폐하되 민간의 자율적인 자정기능을 활성화하는 것이다. 실명 보도와 사실체크 기능을 한층 강화해야 한다. 저널리즘이 갖춰야 할 윤리의식을 강화하고 무책임하거나 선정적인 보도를 바로잡기 위해서다. 보도 중에는 일부 오보나 의도된 조작도 있지만, 편향된 이념과 정치적 의도에서 비롯되는 경우도 있다. 스피커는 언론 매체이지만 정보의 원천은 정치권, 권력기관, 특정 정당 등에서 나온다. 공익성 고발과 같은 예외적인 경우를 제외하고는 기사의 출처를 분명히 밝히고 실명 보도를 하도록 해야 한다.

뉴스 유통구조의 개선도 필요하다. 세계 어느 나라도 네이버, 다음처럼 주요 언론사의 뉴스 콘텐츠를 통째로 사들여 무료로 전재하는 포털 사이트는 없다. 포털을 통하지 않고 언론사 사이트를 직접 방문하는 비율은 세계 최하위 수준이다. 저널리즘 생태계가 위협받고 한계에 도달해 있다. 지금의 기사 콘텐츠 환경에서는 포털 의존도가 심해지고 미디어 산업이 위협받게 된다. 포털도 방송·통신사업과 동일한 수평규제 선상에 놓아야 한다. 콘텐츠 유통도 콘텐츠 생산과 마찬가지로 언론사의 범주에 포함시키는 것이다. 동시에 포털 중심의 뉴스 유통 독과점 구조도 바꿔야 한다.

이러한 차원에서 최근에는 미디어 바우처를 도입하자는 주장도 제기되고 있다. 연간 1조 원의 정부 보조금이나 공공광고료를 바우처 형식으로 시민들에게 나눠주고 시민들은 각자의 판단에 따라 언론과 기사에 사용하는 방식이다.[18] 정부가 언론사에 광고비를 직접 나눠주는 기존 방식을 바꾸는 것이다. 공정한 기사와 유익한 정보에 대한 판단을 정부 부처가 아니라 시민들이 하는 방식이다. 《미디어 구하기》를 쓴 줄리아 카제 파리정치대학 교수는 재단과 주식회사의 중간 형태인 '비영리 미디어 주식회사'를 주장한다. 보도자료, 기자단, 출입처가 중심인 발표 저널리즘의 언론 환경을 바꿔 제대로 된 저널리즘에 시민이 대가를 지불해야 한다는 취지의 제안이다.[19] 국회에서도 비슷한 여러 주장이 나오고 있다.[20] 아직은 아이디어 차원의 제안들이지만 우리 언론환경과 구조에 맞는 대안들에 대해 중장기적으로 검토할 필요가 있다.

언론의 책무성 강화도 중요하다. 가장 큰 문제는 인권침해를 하고도 책임을 제대로 지지 않는 것이다. 손해배상 금액을 대폭 올려야 한다. 명백한 허위사실로 인한 명예훼손이라는 사법적 판단이 나올 경우 이에 상응하는 페널티를 치르게 해야 한다. 개인 인권도 '알 권리' 못지않게 중요하다. 알 권리를 내세우면서 개인의 인권을 해치거나 합리적이지 않은 보도를 하는 언론사는 합당한 책임을 져야 한다. 다만 이러한 손해배상제도를 도입할 경우 제도를 악용해 언론에 재갈을 물리는 행태를 방지하는 보완책도 함께 만들어야 한다.

언론도 퇴출될 수 있도록 해야 한다. 시민들이 나서야 한다. 사실을 체크하고 가짜 뉴스를 분별하는 민주시민으로의 의식과 행동도 필요하다. 문제가 발생하는 언론에 대해서는 과감한 구독거부와 시청거부, 광고불매, 광고주에 대한 압력, 적극적 소송제기 등 행동으로 나서야 한다.

블록체인 생태계를 구축하자

스타벅스 고객은 구입한 커피의 봉투를 스캔하면 원두의 생산지, 유통과정을 알 수 있다. 중국인민은행은 이미 선전, 쑤저우 등에서 디지털 통화를 시험 사용 중이다. 2022년 베이징 동계올림픽에서 디지털 위안화를 활용할 계획이다. 우리 정부도 2020년 7월 투표, 기부, 사회복지, 신재생에너지, 금융, 부동산, 우정 등 7대 분야를 블록체인을 전면 도입할 분야로 선정해 발표했다.[21]

시민의 정보공유, 분권화, 수평적 토론과 의사결정에 참여가 가능하도록 하는 인프라로 블록체인을 활용한 기술이 중요하다. 신뢰를 기반으로 한 거버넌스와 프로세스의 혁신을 만드는 것이다. 블록체인은 참정권 확대와 직접민주주의·정당민주주의 실현, 지방분권 등 정치개혁에 기여할 것으로 기대된다. 분권과 분산을 특징으로 하는 블록체인의 탈(脫)중앙성이 '중앙서버'로 상징되는 독점권력을 분산시키고 개인의 자발적 참여를 촉진시키기 때문이다.

블록체인에 기반을 둔 융합민주주의는 모바일 직접·비밀 투표를 통해 실시간·저비용으로 의사결정을 가능하게 만들 것이다. 국회에도 활용할 수 있다. 예를 들어 일정 기간 합의를 보지 못하는 법안은 분기나 반기별로 블록체인 국민투표에 부친다. 특정 집단의 로비나 정당의 당리당략은 이 과정에서 걸러질 수 있다. 중요한 국가정책이나 지자체 단위의 생활정책 결정에서도 블록체인을 활용함으로써 의사결정이 가능하다. 정치와 정부, 정책에 대한 불신도 불식시키면서 국가 거버넌스 구조가 변하는 계기가 될 것이다.

블록체인 정부는 정부의 투명성 확대와 정보 접근성 보장, 공무원의 일하는 방식 변화를 가져올 것이다. 정보의 공유, 네트워크, 수평적 소통, 권력의 분산, 협력과 연대가 특징이 되는 일상 패턴의 변화에 맞춰 정부도 능동적으로 변하는 것이다. 프로세스 혁신이 이루어져야 한다. 공유정부는 국가운영에서 관료제의 한계를 인정하고 시민과 분업, 협업하는 것이다. 새로운 형태의 협치가 될 수 있다. 블록체인 기술에 기반을 둔 행정개혁을 이루는 것이다. 부동산·자산관리, 세금, 소송·의료 등 각종 기록, 복지서비스 분야, 비영리단체의 기부금 사용 등에 우선 적용이 가능할 것이다.

우선 정부가 가진 정보와 데이터를 투명하게 공개하는 것이 필요하다. 정부의 정책 데이터는 해당 직원들에게만 접근이 허용되고 제한적으로 공개되어왔다. 모든 데이터는 중앙 집중식으로 관리된다. 그러나 블록체인 기술의 발달에 따라 네트워크에 참여한 모든 개인들이 데이터를 분산·저장·공유함으로써 조작이나 훼손을 방지하고 진행되는 내용을 공개적으로 확인하고 감시할 수 있게 된다. 시민들의 경험, 아이디어, 자원, 시간 등이 서로 연결되면서 창의적이고 수용 가능한 대안들이 나오게 된다. 정책과정 사이클에 있어서도 정책결정과 집행에 대한 추적이 가능해져 투명성과 효율성이 높아진다.

블록체인의 활용을 사회 전반으로 확대시킬 수 있다. 예를 들어, 언론의 가짜뉴스 생산과 유포를 줄이는 데도 활용할 수 있다. 〈뉴욕타임스〉와 IBM이 추진 중인 '뉴스출처 프로젝트'는 뉴스 콘텐츠가 인터넷에서 재생산·공유되는 과정에서 본래의 맥락을 변질시키는 문제를 해결한다. 뉴스 생산 초기부터 블록체인에 기록함으로써 가짜뉴스를 가려내는 것이다. 연구개발 분야에서도 암호 바우처의 사용과 원장 공유를 통해 연구개발비 집행의 투명성을 기하고 구입한 자산을 블록체인 자산관리시스템으로 관리할 수 있다. 단위 조직 거버넌스의 블록체인화도 가능하다. 거래는 블록체인 화폐로, 자산관리는 블록체인 분산원장으로, 의사결정 참여 거버넌스는 블록체인 소셜 네트워크로 구현하는 것이다. 이렇게 되면 조직은 투명화·효율화·참여 거버넌스라는 세 가지 목표를 달성할 수 있게 된다. 이렇듯 블록체인의 다양한 활용은 시민의 집단지성으로 사회문제를 해결하는 '아래로부터의 반란'을 일으키는 데 기여할 것이다.

지난 20년, 앞으로 20년

〈교수신문〉이 매년 선정하는 '올해의 사자성어'는 그해 대한민국의 사회상을 압축적으로 보여준다. 첫해인 2001년에 선정된 사자성어는 '오리무중(五里霧中)'이었다. 우리 사회가 나아갈 방향에 대한 갈피를 잡을 수 없다는 의미였다. 그리고 20년이 흘렀다. 안개가 짙게 끼어 앞이 안 보이는 상태가 지금까지 지속되고 있다. 산업화와 민주화 이후 대한민국이 어디로 가야 하는지 아직도 우리는 방향을 잡지 못하고 있다.

변화, 개혁, 혁신, 대전환, 바꾸어야 산다, 마지막 기회…. 지난 20년 동안 정치지도자, 기업 CEO, 지식인들이 입에 달고 사는 이야기들이다. 고장 난 레코드처럼 같은 언어가 되풀이되는 것은 바뀌지 않고 있다는 방증이다. 국민은 피곤해지고 삶은 힘들어진다.

사회가 나아가야 할 지향점이 같지 않다 보니 끊임없이 싸운다. 말은 무성하지만 공허하고 정치권과 지도자는 믿음을 주지 못한다. 싸움의 본질은 권력투쟁이 되어버리고 상대방은 타도의 대상이 된다. 그러면서 증오의 정치, 갈등의 정치가 일상화되어 버렸다.

2020년에는 출처 미상의 신조어 '아시타비(我是他非)'가 '올해의 사자성어'로 선정된다.[01] '나는 옳고 남은 그르다'는 뜻이다. 모든 잘못을 남 탓으로 돌리고 소모적 싸움을 끊임없이 벌이고 있다. 갈등과 대립 속에 사회혁신에는 눈감은 채 자기 진영의 승리나 이익에만 목을 매는 정치권과 사회계층 간 대립을 질타하는 의미이리라. 자기만 살려고 싸우면 모두가 망할 거라는 경고의 의미도 내포되어 있다. 함께 힘을 합쳐 건설적으로 문제를 해결하려는 노력은 찾아보기 어렵다.

편을 갈라 싸우는 것, 과거를 놓고 싸우는 것을 그쳐야 한다. 이제 미래를 이야기해야 한다. 미래에 대해 치열하게 고민하고 토론해야 한다. 장담컨대 지난 20년간 우리가 거쳐온 역사를 냉정히 성찰하고 바꾸지 않으면, 앞으로 20년은 지난 20년보다 더 힘든 기간이 될 것이다.

이제 지난 20년과 확연하게 다른 20년을 만들어야 한다.

그러기 위해서는 무엇보다 우리 사회가 어디로 가야 할지 비전과 방향을 공유해야 한다. 과거와 같은 장밋빛 비전이 아니다. 뭘 더 준다는 이야기, 희망을 부풀리는 이야기도 아니다. 듣기 좋은 소리, 듣고 싶은 소리는 더더욱 아니다. 바로 우리가 '해야 할 일'에 대한 이야기다. 그래서 이 책에서는 우리가 함께 가야 할 지향점으로 기회공화국, 기회복지국가를 제시했다. 그리고 우리가 해야 할 일로 더 많은 기회와 더 고른 기회를 만들고, 튼튼한 기회복지안전망을 제공하기 위한 대한민국 경제의 금기 깨기를 주장했다. 추격경제, 세습경제, 거품경제의 틀이다.

금기를 깨기 위해서는 무엇보다 지도자의 역할이 중요하다. 그러나 소수의 지도자만으로 해결할 수 있는 것들이 아니다. 그래서 '아래로부터의 반란'을 주장했다. 소수의 정치 엘리트, 고위 관료, 사회 지도층이 '닫힌 네트워크'에 모여 결정하는 톱다운식 의사결정에 더해, 시민이 적극적인 참여자와 생산자로 나서야 한다는 주장이다.

이제 국가비전에 합의하고 금기 깨기를 실천하기 위해 우리의 생각을 한데 모아보자. 크게 세 가지를 제안한다.

첫째, 우리 모두 솔직해지자. 인사청문회에서 야당과 언론은 세상에서 가장 깨끗한 도덕군자를 뽑으려 한다. 그 기준을 역으로 적용하면 후보자를 질타하는 의원 중 몇 명이나 살아남을지 모르겠다. 그러면서 여야가 바뀌면 역할놀이 주인공의 입장 역시 완벽하게 거꾸로 바뀐다. 야당에서 여당 소속이 된 플레이어는 적임자가 없다고 푸념하고, 여당에서 야당으로 입장이 바뀐 공격수는 과거에 당했던 일을 고스란히 되갚는다.

공기업 경영진 인사도 마찬가지다. 여당은 새 술은 새 부대에 담아야 한다며 인사교체를 주장하고, 야당은 임기보장을 외친다. 청문회, 공기업 인사뿐 아니라 국정의 여러 면에서 생기는 일이다. 정치인, 사회지도자는 입만 열면 국민을 위한다고 하면서 자기가 속한 집단, 계층의 이익을 대변한다. 위치가 달라지면 입장을 뒤집고 남 탓만 한다.

이제 바꾸자. 지키지 못할 것을 알면서도 명분을 앞세워 희생양을 찾거나, 제도나 행태는 고치지 못하는 현실을 뒤집자. 자기도 못 지킬 것을 상대에게 강요하고, 어떻게든 상대방을 죽이려고만 드는 행태를 바꾸자. 청문회, 공공기관 인사, 직권남용 등 모든 면에서 거짓명분의 가면을 벗자. 그러기 위해 다 같이 솔직해지자. 우리 사회·정치를 규율하는 법과 규범을 현실화하자. 지킬 수 있는 법과 관행을 만들고 엄격하게 적용하자.

둘째, 인내심을 갖자. 구조적인 문제의 대부분은 서로 긴밀하게 연결되어 있다. 어느 이슈 하나만 따로 뚝 떼어 해결할 수 없는 것들이다. 큰 그림과 전략적으로 연계해야만 풀 수 있는 문제라는 뜻이다. 이런 문제를 해결하는 데는 시간이 많이 걸린다는 것을 이해해야 한다. 40년 이상 고착된 제도와 의식, 관행을 바꾸는 일이기 때문이다. 단번에 혹은 2~3년 내에, 한 대통령의 임기 내에 끝낼 수 있는 일들이 아니다. 메시아나 도깨비방망이는 없다. 당장은 성과가 안 나오더라도 참고 가야 할 길을 가자. 제대로 된 방향으로, 제대로 된 일머리로 뚜벅뚜벅 간다면 언젠가는 해낼 수 있는 일들이다.

셋째, 실천의 핵심은 고통분담이다. 고통분담을 이야기하지 않고 뭘 자꾸 주겠다는 공약이나 정책 선물 보따리에 현혹되면 안 된다. 듣기 좋을지는 몰라도 그렇게 해서는 바뀌는 것은 없다. 포퓰리즘은 단기간에 국민의 환심을 사고 지지율을 높일 수 있을지 몰라도, 지속가능하지 않다. 오히려 문제를 왜곡시키거나 대국민 사기극이 될 수도 있다. 함께 고통을 분담해야 한다. 기득권일수록 더 내려놓아야 한다.

서로 솔직해지고 인내하며 고통을 나누기 위해서는 사회적 대타협 외에는 다른 길이 없다. IMF 외환위기와 글로벌 금융위기 때 노사정이 서로 양보해서 만든 대타협이 경제위기를 벗어나는 데 결정적인 역할을 했다. 그러나 지난 20년 동안 우리 경제·사회의 문제가 구조화, 고착화된 점을 고려하면 이제 사회적 타협을 새로운 방향으로 진화시켜야 한다.

사회적 대타협은 기존 노사 중심의 대타협뿐 아니라 경제·사회 여러 분야에서 절실하게 필요하다. 우선 어느 정도 수준의 복지를 지향할 것인지, 증세를 포함한 재원조달은 어떻게 할 것인지에 대한 사회적 논의가 필요하다. 공적연금 개혁, 교육 개혁, 부동산, 남북관계와 남남갈등 문제 등 사회적 타협을 통해 해결해야 할 과제들이 우리 사회에 산적해 있다.

이제 방법을 바꿔보자. '정치 대타협'을 먼저 만들자. 정치 지도자들이 앞장서서 기득권을 내려놓고 대결의 정치를 타협의 정치로 만들어야 한다. 정치권이 문재해결의 주체이자 가장 공고한 기득권 집단이기 때문에 먼저 바뀌어야 한다. 노사에 앞서 국가 지도자들이 먼저 권한을 조금씩 내려놓고 다양한 이익집단의 동참을 호소해야 한다. 그래야 여러 분야의 사회적 대타협을 포괄하는 '국가적 대타협'을 만들 수 있다.

정치 대타협의 첫걸음은 자기 머리 깎기다. 정치권 승자독식구조부터 깨면서 기득권을 놓아야 한다. 자기 이해가 걸려 한 발짝도 나가지 못한다면 남이 머리를 깎아주도록 제도를 만들고 방법을 찾도록 해야 한다. 시민참여 플랫폼 등 새로운 실천방안을 만들어야 할 것이다. 동시에 대통령 선거나 총선에서 나오는 공통공약을 공동으로 추진하도록 해야 한다. 공약의 공통분모를 바탕으로 조금씩 양보하고 가다듬는다면 국가가 나아갈 방향에 대한 합의를 만들 수 있다. 정치권의 권력투쟁과 싸움을 줄이고 합의의 수준을 높이는 길이기도 하다.

정치 대타협이 이루어지면 우리 사회의 자기 진영 금기 깨기도 가능해질 것이다. 예를 들면 노동안정유연성 모델을 만드는 것이다. 우리 현실은 한쪽에서는 노동유연성을, 다른 쪽에서는 노동안정성을 주장하며 끝없는 평행선을 달리고 있다. 노동유연성을 높이면 고용불안이 커지고, 안정성을 강화하면 기업에 부담이 커진다는 금기를 깨면서 사회적 합의를 만들어보자. 여기서부터 나아가 진보는 진보의 금기를, 보수는 보수의 금기를, 사업주는 사업주의 금기를, 노조는 노조의 금기를 깨보자. 사회 여러 부문에 걸쳐 자기 진영의 금기 깨기를 만들어보자. 자기희생의 길처럼 보이지만, 길게 보면 모두에게 이익이 되는 일이다.

정치 대타협이 선행돼서 여러 분야의 사회적 대타협을 포괄하는 '국가적 대타협'으로 이행될 때 지도자는 지지자로부터 비난을 받을 가능성이 크다. 지지자 입장에서는 자신이 지지한 이유를 저버렸다고 반발할 수 있다. 국가의 지도자라면 이런 비난을 감수해야 한다. 지지그룹만 보고 해서는 할 수 없는 일들이기 때문이다. 국민 전체를 보고 일하는 용기와 결단이 필요하다. 만약 이런 일들에 대한 합의를 만들 수 있다면, 다음 대통령은 임기의 절반을 줄여도 좋다는 각오로 임해야 한다. 그런 정도의 비장한 각오와 자기를 던지는 희생이 있어야 가능한 일이다.

대한민국 금기 깨기는 거역할 수 없는 역사의 명령이다. 20년 이상 지속된 갈등과 분열을 치유하고 제대로 된 미래를 만들어 물려주지 않으면 이 시대를 사는 우리 모두가 역사의 죄인이 될 것이다. 이제 우리의 생각과 행동이 달라져야 한다. 무엇보다 함께 결단하고 함께 실천하는 자세가 필요하다. 당장은 갈등이 불가피하겠지만 국가의 미래 비전을 공유하면 출구가 보인다. 공감과 신뢰의 가치를 앞세우고 국민의 마음을 한데 모은다면 충분히 할 수 있다.

이제 대한민국 금기 깨기 대장정에 다 함께 나서자. 지금부터 지난 20년과는 완전히 다른 20년을 만들자. 그래서 다음 정부 내내 우리 사회의 사자성어로 '동심만리(同心萬里)'와 같은 단어가 선정되도록 해보자.

'마음을 하나로 모아 먼 미래로 나아가자.'

미래로 가는
길에는
금기가 없다

시작하며

01 이재열, 《다시 태어난다면, 한국에서 살겠습니까》, 21세기북스, 2019년 5월, 19-22쪽.

02 https://www.chosun.com/site/data/htmldir/2013/10/14/201310 1400069.html

03 김동연, 《있는 자리 흩트리기》, 쌤앤파커스, 2017년 5월, 23쪽, 299쪽.

PART 1 세 번은 아니다

01 졸저 《있는 자리 흩트리기》의 제목은 여기에서 따왔다.

02 정부민간합동작업반, 〈함께 가는 희망한국, 비전 2030〉, 2006년 8월.

03 프랜시스 후쿠야마, 《트러스트》, 한경비피, 2002년 11월, 56, 178-202쪽 참고. 프랜시스 후쿠야마는 이 책에서 한국을 저(低)신뢰국가로 꼽았다.

04 엘리자베스 A. 시걸, 《사회적 공감》, 생각이음, 2019년 8월, 164쪽 참고. 사회적 공감이란 개념을 처음 만든 엘리자베스 시걸의 주장이다. 권력과 공감의 관계에 대해서는 같은 책 제4장 '권력과 정치는 공감의 장애물인가' 참고.

05 제러미 리프킨, 《유러피언 드림》, 민음사, 2005년 1월 참고. 자유와 경쟁을 강조하는 시스템은 미국에서, 평등과 공정을 강조하는 시스템은 주로 유럽 국가들에서 특징적으로 나타난다. 저자는 전자가 추구하는 가치를 '아메리칸 드림'으로, 후자가 추구하는 가치를 '유러피언 드림'으로 표현한다.

06 자유를 보장하는 동시에 자유권의 남용을 제한할 수 있는 질서를 찾는다는 의미에서 '질서자유주의'라고 부르기도 한다.

07 사회적 시장경제의 틀을 만든 독일의 2대 수상 에르하르트는 "어떤 경우이건 추구해야 할 목표는 진정한 경쟁에 기초한 시장경제다."라며 경쟁과 시장경제를 분명하게 강조한다.

08 이재열, 《다시 태어난다면, 한국에서 살겠습니까》, 21세기북스, 2019년 5월, 254쪽.

09 2017년 6월 9일, 부총리 청문회 모두 발언 중.

10 그 전 최저 인상률은 IMF 외환위기 직후인 1998년 2.7%였다.

11 2018년 8월 27일 국회 예산결산특별위원회에서 전 정부가 한 정책 중에서 지금의 경제 어려움을 야기한 정책을 예시해달라는 질의에 다음과 같은 요지로 답변한 적이 있다. '경제는 어느 정부의 임기를 잘라서 보기 어렵다. 흐름을 봐야 하기 때문이다. 어느 정부든 공도 있고 과도 있지만, 지금 벌어진 일에 대해서는 현직에 있는 저희가 책임감을 느끼는 것이 책임 있는 정책 당국자의 자세다.'

12 2020년 3월 22일 페이스북에 쓴 글이다.
https://www.facebook.com/DY.AfterYou/posts/557584164855673

PART 2 우리는 지금 어디에 있는가?

01 2016년 세계경제포럼에서 미래학자인 토머스 프레이가 주장한 말이다.

02 토머스 프레이가 주장한 3개월 과정의 마이크로대학(Micro College)이나 10주 단위의 미국 창업대학인 싱귤래리티대학(Singularity University), 세계가 캠퍼스인 미네르바대학(Minerva School) 등이다.

03 새뮤얼 P. 헌팅턴 외, 《문화가 중요하다》, 책과함께, 2015년 03월.

04 로버트 라이시, 《위기는 왜 반복되는가》, 김영사, 2011년 2월.

05 프랜시스 후쿠야마는 "지속 성장을 달성한 국가는 신뢰 자본이 풍부

한 국가"라고 했다. 신뢰 수준이 높은 사회일수록 각종 계약·거래와 관련한 불신 비용이 줄고 사회적 효율이 높아지기 때문이다.

06 아산나눔재단, 〈스타트업 생태계 활성화를 위한 스타트업 코리아!〉, 2019년, 11-13쪽에서 재인용.

07 국무조정실 자료에 의하면 전체 규제의 30% 이상이 법이나 규정의 개정 없이 공무원 재량으로 풀 수 있는 것들이다.

08 스티븐 레비츠키 외, 《어떻게 민주주의는 무너지는가》, 어크로스, 2018년 10월.

09 통계청, 한국은행, 〈2019 국민대차대조표〉, 〈2019 가계금융복지조사〉 참고.

10 '쌀값 50배, 기름값 77배 뛰는 동안 땅값은 3000배 올랐다', 〈중앙일보〉, 2015년 11월 17일 자.

11 '[헌법 11.0 다시 쓰는 시민계약] '부동산 불로소득' 연 482조 원… 헌법에 환수 명시해야', 〈경향신문〉, 2018년 1월 18일 자.

12 김도현 외, 《인간을 위한 미래》, 클라우드나인, 2020년 9월, 30쪽, 이재열, '왜 한국은 부유한데 분노사회가 됐는가' 참고.

13 '[2010~2012 세계 가치관 조사] 삶의 만족도, 기대치 높인 장밋빛 공약… 현실은 양극화', 〈동아일보〉, 2012년 8월 14일 자.

14 한국행정연구원, 〈2019 사회통합실태조사〉, 58쪽.

15 플라톤의 말이다. 플라톤은 《국가》에서 돈과 명예를 탐한다는 오명을 쓰기 싫어 정치를 꺼리는 엘리트들이 정치를 해야 한다는 맥락에서 이 말을 했다고 한다.

16 송복, 《특혜와 책임》, 가디언, 2016년 8월, 258-271쪽. 저자는 우리 지도층에 없는 다섯 가지를 주장한다. 무역사성, 무도덕성, 무희생성, 무단합성, 무후계성이다.

17 송복, 《특혜와 책임》, 가디언, 2016년 8월, 190-193쪽.

18 엘리자베스 A. 시걸, 《사회적 공감》, 생각이음, 2019년 8월, 113-118쪽, 135-139쪽.

19 김누리, 《우리의 불행은 당연하지 않습니다》, 해냄, 2020년 3월, 163-172쪽.

20 윤석만, 《리라이트》, 가디언, 2018년 7월.

21 조지 레이코프, 《폴리티컬 마인드》, 한울, 2014년 3월. 저자는 이중개념주의를 뇌 기제로 설명한다. 두 세계관이 같은 뇌 속에 존재하지만, 서로 겹치지 않는 삶의 영역에 연결된다는 것이다.

22 앵거스 디턴, 《위대한 탈출》, 한경비피, 2015년 11월. 경제적 불평등 문제를 다뤄 노벨 경제학상을 수상한 저자는 어느 정도의 불평등은 경제성장에 도움이 될 수 있지만 지나친 격차가 주는 역효과는 훨씬 크다고 한다.

23 도리스 컨스 굿윈, 《권력의 조건》, 21세기북스, 2012년 9월. 링컨은 남북전쟁 전부터 통합에 최우선 가치를 두었다. 대통령 후보 지명을 위해 경쟁한 세 후보를 내각에서 가장 중요한 국무, 재무, 법무장관에 임명한다. 상대 당 출신 인사에게도 전쟁장관, 해군장관, 우정장관 직을 제안한다. 전쟁을 통해 남과 북의 적대감이 최고조에 달하지만 종전이 다가오면서 남부를 반역자로 처리하자는 강경파와 달리 링컨은 관용과 화해를 주장한다.

24 노무현, 《성공과 좌절》, 학고재, 2009년 9월, 48쪽.

25 김누리, 《우리의 불행은 당연하지 않습니다》, 해냄, 2020년 3월, 137쪽.

26 김기원, 《한국의 진보를 비판한다》, 창비, 2012년 7월, 210쪽.

27 노무현, 《진보의 미래》, 동녘, 2017년 3월, 175쪽.

28 이원재 외, 《코로나 0년 초회복의 시작》, 어크로스, 2020년 9월, 15-43쪽

참고.

29 로버트 라이시, 《위기는 왜 반복되는가》, 김영사, 2011년 2월.

PART3 우리는 어디로 가야 하는가

01 로버트 프랭크 외, 《승자독식사회》, 웅진지식하우스, 2008년 3월, 21, 36쪽. 프랭크와 쿡은 승자독식시장이야말로 소득불평등의 주요한 원인이라고 한다.

02 국세청, 〈2014~2018 업종별 연예인 수입금액 현황〉 / '가수-배우 상위 1% 연봉 이정도라니?', 〈디지털타임스〉, 2020년 10월 27일 자 참고. 녹음된 형태로 음악이 소비되면서 극소수 연주가의 음반에 몰리기 때문이다.

03 로버트 라이시, 《로버트 라이시의 자본주의를 구하라》, 김영사, 2016년 8월, 216-219쪽.

04 로버트 프랭크 외, 《승자독식사회》, 웅진지식하우스, 2008년 3월, 34, 43-44쪽.

05 노무현, 《진보의 미래》, 동녘, 2017년 3월, 151쪽.

06 노무현, 《진보의 미래》, 동녘, 2017년 3월, 33-37쪽.

07 한국무역협회 국제무역통상연구원이 발표한 〈세계 수출시장 1위 품목으로 본 우리 수출의 경쟁력 현황〉에 따르면 2019년 기준 세계 수출시장 점유율 1위 품목이 가장 많은 국가는 중국(1,759개), 독일(654개), 미국(520개), 이탈리아(217개), 일본(156개) 순이다.

08 임현진, '중산층은 대한민국의 미래입니다', 〈중앙일보〉, 2006년 9월 21일 자.

09 하승수, 《배를 돌려라》, 한티재, 2019년 11월, 78-84쪽.

10 변양균, 《경제철학의 전환》, 바다출판사, 2017년 6월, 126쪽. 이승만 대통령은 "농지개혁에 성공함으로써 이제야 비로소 진정한 의미의 민주주의 토대가 마련됐다."고 했다.

11 로버트 프랭크 외, 《승자독식사회》, 웅진지식하우스, 2008년 3월.

12 국가의 가부장적 후견주의에 관해서는 아래 최영준 교수의 글 참고. https://medium.com/lab2050/insight205002-e86cd500364

13 엘리자베스 A. 시걸, 《사회적 공감》, 생각이음, 2019년 8월, 58쪽.

14 장원호 외, 《공감, 대한민국을 바꾼다》, 푸른길, 2019년 8월, 15쪽.

15 외교부, '코로나 이후의 세계: 해외 석학에게 듣는다', 자크 아탈리, https://www.youtube.com/watch?v=hwfzpSEBIDE

16 외교부, '코로나 이후의 세계: 해외 석학에게 듣는다', 마이클 샌델, https://www.youtube.com/watch?v=SZ-3qDFQJjI
    외교부, '코로나 이후의 세계: 해외 석학에게 듣는다', 김용, https://www.youtube.com/watch?v=Wa164VGE19Y

PART 4 기회복지국가를 향한 금기 깨기

01 산업통상자원부, 관계부처 합동, 〈혁신형 강소·중견기업 성장전략〉, 2020년 11월 12일.

02 '구글 창업자, 지분 61%로 '51% 의결권'…', 〈한국경제신문〉, 2010년 11월 22일 자.

03 한국중견기업연합회에 따르면 중소기업에서 중견기업으로 진입하면 지원중단이 58개, 신규 규제 16개가 생긴다고 한다. 대기업으로 진입하면 27개 법률에서 60건의 규제가 새로 생긴다.

04 특히 소상공인기본법이 중소기업기본법에서 따로 떼어져 2021년 3월

시행됨에 따라 기업의 규모에 따른 지원과 정책보다는 기업의 다양한 특징과 성격에 맞는 정책의 개발이 필요하다.

05 이윤보, '대중소기업 동반성장의 조건', 〈내일신문〉, 2010년 10월 5일 자.

06 중소벤처기업부, 관계부처 합동, 〈중소벤처기업 중장기 수출해외진출 지원 대책〉, 2019년 5월 8일.

07 이민화, 《대한민국을 위하여》, 창조경제연구회, 2019년 10월, 188, 270쪽.

08 '원희룡 "필요없는 법 없애는 폐법부 만들자"', 〈한국경제신문〉, 2020년 12월 2일 자. 원희룡 제주도지사는 필요 없는 법을 없애는 폐법부(廢法部)를 입법, 사법, 행정부로부터 독립된 부처로 만들자는 제안을 한 적이 있다.

09 현재 총리실에 있는 규제개혁위원회를 이관하거나 신설할 수 있을 것이다.

10 이민화, 《대한민국을 위하여》, 창조경제연구회, 2019년 10월, 331-333쪽. 반면 AI의 편향성이 합리적 판단을 방해한다는 비판도 있다. 김도현 외, 《인간을 위한 미래》, 클라우드나인, 2020년 9월, 146-147쪽, 김대식 "미래 기술과 격차" 참고.

11 덴마크에서 시작해 2000년대 후반 EU의 고용정책의 가이드라인이 된 황금삼각형(golden triangle of flexicurity) 모델을 벤치마킹한 것이다.

12 2016년 9월 당시 심상정 정의당 대표가 국회 비교섭단체 대표연설에서 주장한 내용이다.

13 대공황 뉴딜정책을 펴면서 소득과 부의 불평등을 완화시켰던 시기를 '대압착(Great Compression)' 시대라고 하고 1970년대 말 다시 양극화가 극심해지면서 '대분기(Great Divergence)' 시기라고 불렀던 표현에서 착안하여 '대공유'란 용어를 사용했다.

14 '노력하면 계층이동 가능해야 한국사회 역동성 살아나', 〈연합뉴스〉,

2016년 1월 30일 자.

15 오클라호마 대학과 댈러스 카우보이 미식축구팀 감독인 배리 스위처가 한 말이다.

16 대니얼 마코비츠,《엘리트 세습》, 세종서적, 2020년 11월.

17 2012년 공화당 대통령 후보였던 밋 롬니가 사용한 용어를 차용했다.

18 제러미 리프킨,《노동의 종말》, 민음사 2005년 5월 / 테일러 피어슨, 《직업의 종말》, 부키, 2017년 9월 참고.

19 김태유,《정부의 유전자를 변화시켜라》, 삼성경제연구소, 2009년 1월, 203-251쪽. 저자는 정책관료와 전문관료로 나누는 방안을 제시한다. 동시에 공직 분류체계를 직무군과 직무렬로 나눠 전문성을 확보하자는 주장을 한다.

20 강준만,《갑과 을의 나라》, 인물과사상사, 2013년 5월, 61-77쪽 참고.

21 중소기업중앙회, 〈2020년 중소기업위상지표〉, 통계청/〈영리법인 기업체 행정통계 결과〉/OECD, 〈Numer of SMEs and Large Firms〉 참고.

22 [소셜벤처의 명암(上)] 4명으로 시작한 '휠체어' 소셜벤처…', 〈매일경제신문〉, 2019년 11월 11일 자.

23 이원재 외,《코로나 0년 초회복의 시작》, 어크로스, 2020년 9월.

24 마이클 샌델,《공정하다는 착각》, 와이즈베리, 2020년 12월.

25 박남기, '대입 문제 완화를 위한 제안, 〈서울신문〉, 2015년 4월 30일 자

26 2020년 7월 24일, 이광재 의원도 국회 대정부 질의에서 민관합동으로 교육판 넷플릭스를 만들자는 주장을 했다. 아래 기사 참고.
https://www.donga.com/news/Politics/article/all/20200724/102144435/1

27 기획재정부, 〈장기재정전망 보고서〉, 2020년 9월.

28 생활권과 경제권을 하나로 묶어 초광역 협력을 하겠다는 취지의 '동

남권 메가시티'와 '충청권 메가시티', 광주·전남, 대구·경북이 추진하는 행정통합을 바탕으로 한 메가시티 조성이 예가 될 수 있다.

29 박재윤, '땜질 그만두고 과감한 인센티브로 지방분산 유도해야', 〈중앙일보〉, 2021년 3월 23일 자 참고.

30 '샤워실의 바보'는 노벨 경제학상을 받은 밀턴 프리드먼이 정부의 섣부른 시장 개입정책을 비판하면서 사용한 말이다.

31 위스테이 별내사회적협동조합이 주관해서 2020년 6월 입주한 남양주 별내지구 500세대가 좋은 사례다.

32 2019년 말 주택보급률(일반 가구수 대비 주택수의 비율)은 104.8%에 달한다. 전체 가구의 15.6%가 2주택 이상을 보유한 다주택자들이고 전체 가구의 43.7%가 무주택자들이다. 그런데, 서울은 전국 평균보다 훨씬 더 많은 51.4%의 가구가 무주택 가구로 남아 있다.

33 토지+자유연구소, 〈2018년 국토보유세 실행방안〉은 2012년 과세표준을 토대로 국토보유세 과세표준과 세율은 1억 원 이하 0.10%, 1억 원 초과~5억 원 이하 0.30%, 5억 원 초과~10억 원 이하 1.00%, 10억 원 초과~50억 원 이하 1.50%, 50억 원 초과~100억 원 이하 2.00%, 100억 원 초과 2.50%를 적용했다.

34 경기연구원, 〈기본소득형 국토보유세 도입과 세제개편에 관한 연구〉, 2021년.

35 '집값은 시장에 맡기고 지대세로 불로소득만 환수하자', 〈오마이뉴스〉, 2021년 4월 30일 자.

36 기본소득당 용혜인 의원의 기본소득 토지세 법안에 따르면 과표구간별 세율은 개인의 경우 10억 원 이하 0.8%, 10억 원 초과~100억 원 이하 1.2%, 100억 원 초과 1.5%로 하고 법인은 각각 0.5%, 0.8%, 1.3%로 정한다.

37 스테파노 자마니 외, 《21세기 시민경제학의 탄생》, 북돋움, 2015년 2월, 223쪽.

38 기본소득에 대해서는 이원재, 《소득의 미래》, 어크로스, 2019년 11월 참조.

PART 5 아래로부터의 반란

01 조지 오웰, 《동물농장》, 열린책들, 2009년 11월, 22, 143, 151쪽.

02 장기적으로는 의원내각제로의 개헌도 검토 가능할 것이다. 2018년 3월 정부가 발표한 개헌안에서도 4년 임기, 한 차례 연임 가능한 대통령제를 제안했는데 수십 년의 정치문화, 국회의원에 대한 현실적인 불신, 남북대치라는 특수상황 등을 고려한 것으로 보인다.

03 광역자치단체장과 교육감의 경우 유권자의 3분의 1 이상이 투표하고 찬성이 과반을 넘기면 주민소환 대상자는 직을 상실한다.

04 국민발안제도는 1954년 제2차 개헌 당시 유권자 50만 명의 찬성이면 개헌안을 발의할 수 있는 방식으로 도입됐으나 1972년 소위 유신헌법이라 불리는 제7차 개헌에서 삭제됐다.

05 가장 최근에는 2020년 3월 여야 의원 148명이 국민 100만 명의 참여로 헌법개정안을 낼 수 있도록 하는 '원 포인트' 개헌안을 제출했으나 폐기된 바 있다.

06 '단기 성과만 내려다… 효과 못 내는 국정과제', 〈세계일보〉, 2019년 5월 20일 자.

07 홍성수, "검찰개혁 시즌2' 성공하려면', 〈경향신문〉, 2021년, 1월 11일 자.

08 김두얼, '죄와 벌: 우리나라 법령에 규정된 형벌의 범위와 수준', 〈나라경제〉, 2018년 11월, 36-37쪽.

09 "'국민 위에 군림' 권력기관, 어떻게 개혁할 것인가?', 〈오마이뉴스〉, 2020년 2월 4일 자.

10 제러미 리프킨, 《공감의 시대》, 민음사, 2010년 10월, 657쪽.

11 스티븐 레비츠키 외, 《어떻게 민주주의는 무너지는가》, 어크로스, 2018년 10월. 이 책은 선거를 통해 국민이 지도자를 선출하는 등 표면적으로는 나무랄 것이 없는 제도를 가지고 있음에도 불구하고 민주주의 위기가 오는 여러 사례를 분석한다. 저자는 대중의 불만과 극단주의 선동가와 손잡은 공화당 덕분에 트럼프가 당선된 현상에서 미국 민주주의의 위기를 느껴 책을 저술하게 됐다고 밝힌다.

12 대통령자문지속가능발전위원회, 2005년.

13 일부에서는 국회의 한계를 보완하는 기능을 강화해 궁극적으로는 양원제로 가자는 주장도 있다.

14 해외 사례로 아이슬란드에서는 무작위로 선출된 시민들이 오픈 크라우드 방식으로 헌법개정안을 심사했고, 스페인에서는 온라인 플랫폼을 이용해 특정 주제에 대해 참여자들의 의견을 수렴하는 정당도 나타났다.

15 네덜란드 사회경제위원회에 대해서는 아래 기사 참고. https://www.donga.com/news/articleall/20190423/95176527/1

16 노무현 대통령은 2005년 6월 총리결정권과 내각 구성권 등 대통령의 권한 일부를 이양하는 소위 '대연정' 제의를 하지만 야당으로부터 거절당했다.

17 솔루션 저널리즘은 컨스트럭티브 저널리즘(constructive journalism)이라고도 한다.

18 한국언론진흥재단의 〈2020년 미디어 정책 리포트〉에서 김선호 선임연구위원은 시카고대학 경제국가연구소 산하 디지털 플랫폼 연구위

원회에서 제안한 미디어 바우처를 시범 도입하자고 주장했다.

19 ''진짜' 뉴스 빈곤 속 미디어 바우처가 '구원자' 될까', 〈미디어오늘〉, 2021년 4월 29일 자.

20 김승원 의원은 부수를 중심으로 집행하는 인쇄매체 정부 광고를 없애고, 현 정부와 공공기관이 언론사에 보조금과 광고로 지출하는 예산을 독자인 시민에게 매년 2~3만 원 정도의 바우처로 제공하자는 주장을 했다. 김의겸 의원은 미디어 바우처와 결합한 공영포털을 만드는 제안을 했다. 공영포털은 언론사, 학계, 시민단체 등이 주축이 된 독립 편집위원회를 구성해 운영하는 내용 등이다.

21 2020년 프라이스워터하우스쿠퍼스는 블록체인 기술이 2025년부터 대규모 성장을 시작해서 2030년에는 시장 규모가 전 세계 GDP의 1.4%인 1조 7,600억 달러에 달할 것으로 내다봤다.

마치며

01 2001년부터 2019년까지 19년 동안 선정된 사자성어는 모두 《주역》, 《맹자》, 《사기》, 《논어》, 《여씨춘추》, 《후한서》 등 출전이 있었다.

＊ 이 책에 도움주신 분들 : 정우영, 김현곤, 이영주, 이준수, 박새아, 김갑기.

대한민국 금기 깨기

2021년 7월 28일 1쇄 | 2021년 8월 2일 16쇄 발행

지은이 김동연
펴낸이 김상현, 최세현   **경영고문** 박시형

책임편집 최세현   **디자인** 박선향
마케팅 양근모, 권금숙, 양봉호, 임지윤, 이주형, 신하은, 유미정
디지털콘텐츠 김명래   **경영지원** 김현우, 문경국
해외기획 우정민, 배혜림
펴낸곳 (주)쌤앤파커스   **출판신고** 2006년 9월 25일 제406-2006-000210호
주소 서울시 마포구 월드컵북로 396 누리꿈스퀘어 비즈니스타워 18층
전화 02-6712-9800   **팩스** 02-6712-9810   **이메일** info@smpk.kr

ⓒ 김동연 (저작권자와 맺은 특약에 따라 검인을 생략합니다)
ISBN 979-11-6534-384-2 (03340)

쌤앤파커스(Sam&Parkers)는 독자 여러분의 책에 관한 아이디어와 원고 투고를 설레는 마음으로 기다리 고 있습니다. 책으로 엮기를 원하는 아이디어가 있으신 분은 이메일 book@smpk.kr로 간단한 개요와 취지, 연락처 등을 보내주세요. 머뭇거리지 말고 문을 두드리세요. 길이 열립니다.